JN051601

365일

한국어를 즐기는 다이어리

Gakken

ダイアリー
この다이어리の使い方

韓国語をゆるっと楽しみたい

これから韓国語を始めたい！ ハングルにただただ毎日触れたい！
という方はこちら。

韓国語やハングルに毎日触れたい人のための手帳を作りました。
普段使いのダイアリーとして、韓国語学習のお供として、使い方は自由です！
どんな風に使おうか、楽しくイメージしてから使い始めてみてくださいね！

韓国語をちゃんと身につけたい

韓国語学習を習慣化させたい！ モチベーションを維持したい！
韓国語で日記をつけたい！という方はこちら。

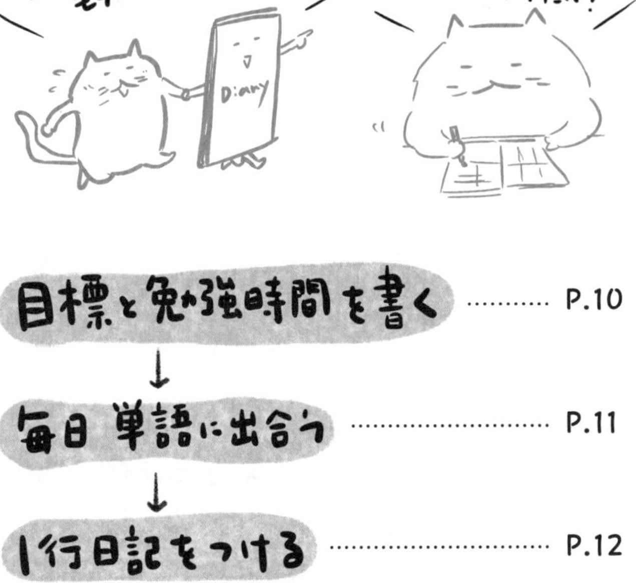

韓国語をゆるっと楽しみたい

ハングルを学ぶ

このダイアリーをより楽しむために、ハングルがまだ読めない方は、
ハングルのことを少し学んでおきましょう！

ハングルのしくみ

ハングルは、子音と母音の組み合わせで成り立っています。
ローマ字と同じイメージです。横に並ぶ場合と上下になる場合があります。
この下に更に子音がつくこともあり、これをパッチムといいます。

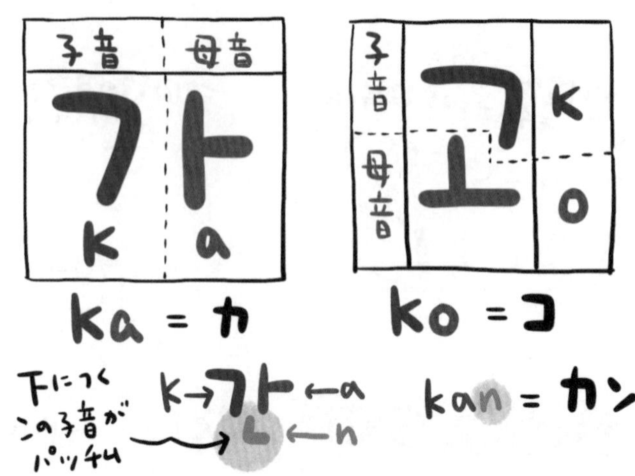

日本語をハングルで書いてみる

韓国語の単語がわからなくても、日本語をハングルで書くだけでも楽しいものです！
右ページに「かな」のハングル表があります。
これを参考に手帳に使う日本語をハングルでいろいろ書いてみましょう。

〈例〉新大久保 → 신오쿠보、 鶴橋 → 쓰루하시

● かなハングル表

	ア	イ	ウ	エ	オ	ヤ	ユ	ヨ
あ	아 ア	이 イ	우 ウ	에 エ	오 オ	야 ヤ	유 ユ	요 ヨ
か	카(가) カ	키(기) キ	쿠(구) ク	케(게) ケ	코(고) コ	캬(갸) キャ	큐(규) キュ	쿄(교) キョ
が	가 ガ	기 ギ	구 グ	게 ゲ	고 ゴ	갸 ギャ	규 ギュ	교 ギョ
さ	사 サ	시 シ	스 ス	세 セ	소 ソ	샤 シャ	슈 シュ	쇼 ショ
ざ	자 ザ	지 ジ	즈 ズ	제 ゼ	조 ゾ	자 ジャ	주 ジュ	조 ジョ
た	타(다) タ	치(지) チ	쓰 ツ	테(데) テ	토(도) ト	차(자) チャ	추(주) チュ	초(조) チョ
だ	다 ダ	지 ヂ	즈 ヅ	데 デ	도 ド			
な	나 ナ	니 ニ	누 ヌ	네 ネ	노 ノ	냐 ニャ	뉴 ニュ	뇨 ニョ
は	하 ハ	히 ヒ	후 フ	헤 ヘ	호 ホ	햐 ヒャ	휴 ヒュ	효 ヒョ
ば	바 バ	비 ビ	부 ブ	베 ベ	보 ボ	뱌 ビャ	뷰 ビュ	뵤 ビョ
ぱ	파 パ	피 ピ	푸 プ	페 ペ	포 ポ	퍄 ピャ	퓨 ピュ	표 ピョ
ま	마 マ	미 ミ	무 ム	메 メ	모 モ	먀 ミャ	뮤 ミュ	묘 ミョ
ら	라 ラ	리 リ	루 ル	레 レ	로 ロ	랴 リャ	류 リュ	료 リョ
わ	와 ワ				오 ヲ			
っ	ㅅ ッ							
ん	ㄴ ン							

日本語にするときの注意点

- 語頭のか行・た行は、(　)内の文字を使います。
  〈例〉徳島 → 도쿠시마、　熊本 → 구마모토
- 小さい「っ」は、パッチムに「ㅅ」を入れます。　〈例〉北海道 → 홋카이도
- 「ん」は、パッチムに「ㄴ」を入れます。　〈例〉新宿 → 신주쿠

●ハングル一覧表

ハングルの子音と母音を組み合わせた一覧表です。

			基本母音									
			ㅏ	ㅑ	ㅓ	ㅕ	ㅗ	ㅛ	ㅜ	ㅠ	ㅡ	ㅣ
			a	ya	o	yo	o	yo	u	yu	u	ui
基本子音	ㄱ	k・g	가 カ	갸 キャ	거 コ	겨 キョ	고 コ	교 キョ	구 ク	규 キュ	그 ク	기 キ
	ㄴ	n	나 ナ	냐 ニャ	너 ノ	녀 ニョ	노 ノ	뇨 ニョ	누 ヌ	뉴 ニュ	느 ヌ	니 ニ
	ㄷ	t・d	다 タ	댜 ティャ	더 ト	뎌 ティョ	도 ト	됴 ティョ	두 トゥ	듀 ティュ	드 トゥ	디 ティ
	ㄹ	r	라 ラ	랴 リャ	러 ロ	려 リョ	로 ロ	료 リョ	루 ル	류 リュ	르 ル	리 リ
	ㅁ	m	마 マ	먀 ミャ	머 モ	며 ミョ	모 モ	묘 ミョ	무 ム	뮤 ミュ	므 ム	미 ミ
	ㅂ	p・b	바 パ	뱌 ピャ	버 ポ	벼 ピョ	보 ポ	뵤 ピョ	부 プ	뷰 ピュ	브 プ	비 ピ
	ㅅ	s	사 サ	샤 シャ	서 ソ	셔 ショ	소 ソ	쇼 ショ	수 ス	슈 シュ	스 ス	시 シ
	ㅇ	無音	아 ア	야 ヤ	어 オ	여 ヨ	오 オ	요 ヨ	우 ウ	유 ユ	으 ウ	이 イ
	ㅈ	ch・j	자 チャ	쟈 チャ	저 チョ	져 チョ	조 チョ	죠 チョ	주 チュ	쥬 チュ	즈 チュ	지 チ
	ㅎ	h	하 ハ	햐 ヒャ	허 ホ	혀 ヒョ	호 ホ	효 ヒョ	후 フ	휴 ヒュ	흐 フ	히 ヒ
激音	ㅋ	k	카 カ	캬 キャ	커 コ	켜 キョ	코 コ	쿄 キョ	쿠 ク	큐 キュ	크 ク	키 キ
	ㅌ	t	타 タ	탸 ティャ	터 ト	텨 ティョ	토 ト	툐 ティョ	투 トゥ	튜 ティュ	트 トゥ	티 ティ
	ㅍ	p	파 パ	퍄 ピャ	퍼 ポ	펴 ピョ	포 ポ	표 ピョ	푸 プ	퓨 ピュ	프 プ	피 ピ
	ㅊ	ch	차 チャ	챠 チャ	처 チョ	쳐 チョ	초 チョ	쵸 チョ	추 チュ	츄 チュ	츠 チュ	치 チ
濃音	ㄲ	kk	까 カ	꺄 キャ	꺼 コ	껴 キョ	꼬 コ	꾜 キョ	꾸 ク	뀨 キュ	끄 ク	끼 キ
	ㄸ	tt	따 タ	땨 ティャ	떠 ト	뗘 ティョ	또 ト	뚀 ティョ	뚜 トゥ	뜌 ティュ	뜨 トゥ	띠 ティ
	ㅃ	pp	빠 パ	뺘 ピャ	뻐 ポ	뼈 ピョ	뽀 ポ	뾰 ピョ	뿌 プ	쀼 ピュ	쁘 プ	삐 ピ
	ㅆ	ss	싸 サ	쌰 シャ	써 ソ	쎠 ショ	쏘 ソ	쑈 ショ	쑤 ス	쓔 シュ	쓰 ス	씨 シ
	ㅉ	cch	짜 チャ	쨔 チャ	쩌 チョ	쪄 チョ	쪼 チョ	쬬 チョ	쭈 チュ	쮸 チュ	쯔 チュ	찌 チ

合成母音とは、基本母音が２つ以上組み合わさった母音のことです。
実際には使われないハングルは、空欄にしています。

合成母音										
ㅐ	ㅒ	ㅔ	ㅖ	ㅘ	ㅙ	ㅚ	ㅝ	ㅞ	ㅟ	ㅢ
e	ye	e	ye	wa	we	we	wo	we	wi	ui
개 ケ	걔 キェ	게 ケ	계 キェ	과 クァ	괘 クェ	괴 クェ	궈 クォ	궤 クェ	귀 クィ	긔 クィ
내 ネ	냬 ニェ	네 ネ	녜 ニェ	놔 ヌァ	놰 ヌェ	뇌 ヌェ	눠 ヌォ	눼 ヌェ	뉘 ヌィ	늬 ヌィ
대 テ		데 テ	뎨 ティェ	돠 トゥァ	돼 トゥェ	되 トゥェ	둬 トゥォ	뒈 トゥェ	뒤 トゥィ	듸 トゥィ
래 レ		레 レ	례 リェ	롸 ルァ		뢰 ルェ	뤄 ルォ	뤠 ルェ	뤼 ルィ	
매 メ		메 メ	몌 ミェ	뫄 ムァ		뫼 ムェ	뭐 ムォ	뭬 ムェ	뮈 ムィ	
배 ペ	뱨 ピェ	베 ペ	볘 ピェ	봐 プァ	봬 プェ	뵈 プェ	붜 プォ	붸 プェ	뷔 プィ	
새 セ	섀 シェ	세 セ	셰 シェ	솨 スァ	쇄 スェ	쇠 スェ	숴 スォ	쉐 スェ	쉬 シュィ	
애 エ	얘 イェ	에 エ	예 イェ	와 ワ	왜 ウェ	외 ウェ	워 ウォ	웨 ウェ	위 ウィ	의 ウィ
재 チェ	쟤 チェ	제 チェ		좌 チュァ	좨 チュェ	죄 チュェ	줘 チュォ	줴 チュェ	쥐 チュィ	
해 ヘ		헤 ヘ	혜 ヒェ	화 ファ	홰 フェ	회 フェ	훠 フォ	훼 フェ	휘 フィ	희 フィ
캐 ケ		케 ケ	켸 キェ	콰 クァ	쾌 クェ	쾨 クェ	쿼 クォ	퀘 クェ	퀴 クィ	
태 テ		테 テ	톄 ティェ	톼 トゥァ	퇘 トゥェ	퇴 トゥェ	퉈 トュォ	퉤 トゥェ	튀 トゥィ	틔 トゥィ
패 ペ		페 ペ	폐 ピェ	퐈 プァ		푀 プェ	풔 プォ		퓌 プィ	
채 チェ		체 チェ		촤 チュァ		최 チュェ	춰 チュォ	췌 チェ	취 チゥィ	
깨 ケ		께 ケ	꼐 キェ	꽈 クァ	꽤 クェ	꾀 クェ	꿔 クォ	꿰 クェ	뀌 クィ	
때 テ		떼 テ		똬 トゥァ	뙈 トゥェ	뙤 トゥェ	뚸 トゥォ	뛔 トゥェ	뛰 トゥィ	띄 トゥィ
빼 ペ		뻬 ペ				뾔 プェ				
쌔 セ		쎄 セ		쏴 スァ	쐐 スェ	쐬 スェ	쒀 スォ	쒜 スェ	쒸 シュィ	씌 スィ
째 チェ		쩨 チェ		쫘 チュァ	쫴 チュェ	쬐 チュェ	쭤 チュォ		쮜 チュィ	

※発音のカタカナやローマ字の表記は、発音に近いものにしています。

韓国語をゆるっと楽しみたい

予定をハングルで書く

まずは、P.5 の表を参考に日本語をハングルにして
予定を書いてみるところから楽しみましょう！
ハングルに慣れてきたら、巻末の「ダイアリー用単語集」などを参考に
韓国語で予定を書いてみましょう。

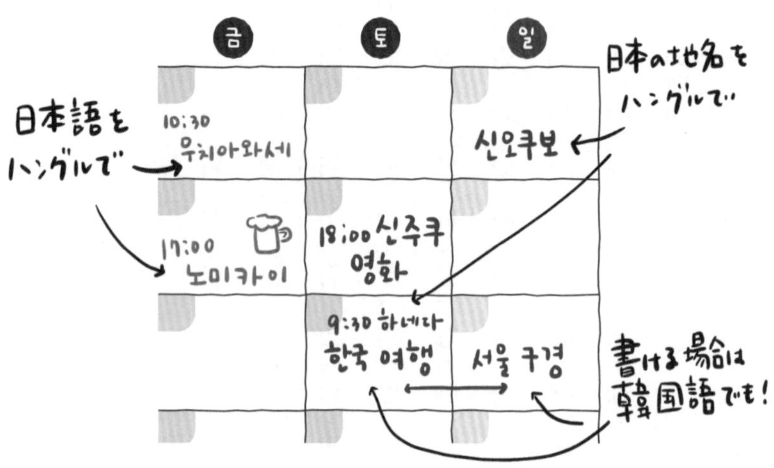

少しずつ日本語ハングルから韓国語へ！

日本語	ハングルにしてみる	韓国語
打ち合わせ	우치아와세	회의（会議）
映画	에이가	영화
カラオケ	가라오케	노래방
歯医者	하이샤	치과（歯科）

巻末の単語集も
参考にしてみて
ください♪

ㅋㅋ ハングルでかわいく飾る

簡単な韓国語やちょっとしたイラストを書くだけでダイアリーが一気にかわいくなります！ 愛着が湧いてくると、毎日ダイアリーを開きたくなり、日記や韓国語学習も挫折しにくくなりますよ！
ハングルでいっぱいのかわいいダイアリーにしましょう！

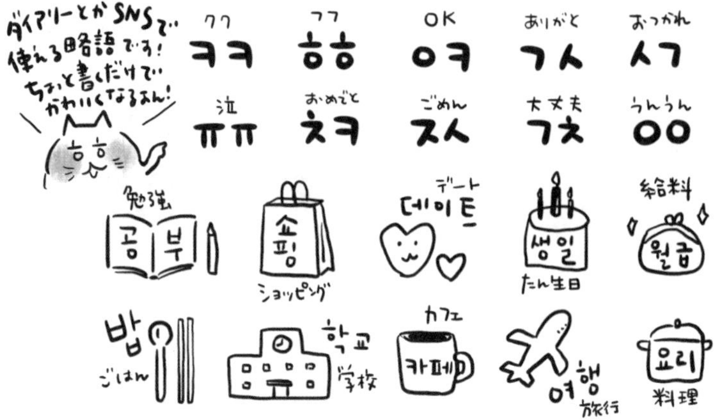

韓国語をちゃんと身につけたい

目標と勉強時間を書く

勉強の成果を出すためには「目標を決める」ことと「勉強時間の記録」が大事！

目標を決めて書く

目標は「大きな目標→小さな目標」の順で決めるのがポイントです！ まず1年後のゴールを決め、次にそのゴールに辿り着くための具体的な行動を「今月の目標」に落とし込みましょう。
語学学習でおすすめの目標は、試験合格です！ 私はこの目標で韓国語の基礎を定着させましたよ！

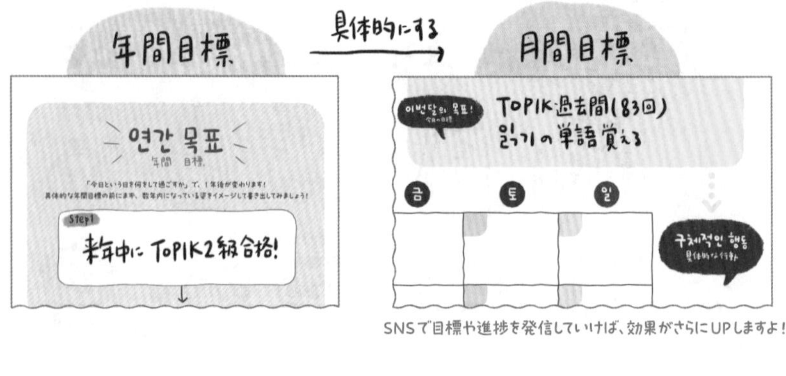

SNSで目標や進捗を発信していけば、効果がさらにUPしますよ！

勉強時間を記録

勉強時間を記録していくと、
自分の頑張りが可視化され、
モチベーションの維持に繋がります！
思ったほど勉強の効果が出ない場合には、
勉強内容や時間を見直しましょう。

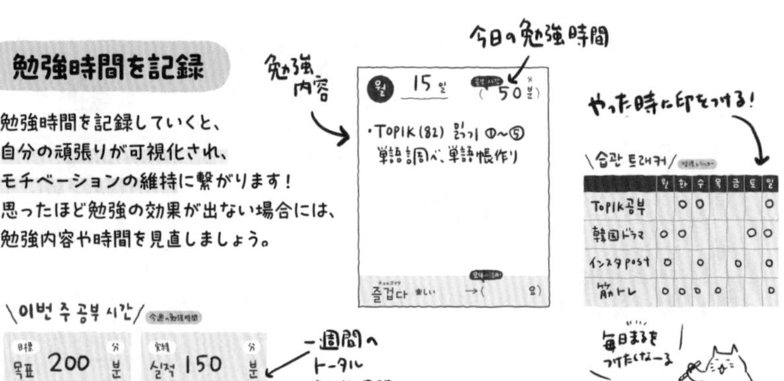

	월	화	수	목	금	토	일
TOPIK공부		○	○				○
韓国ドラマ	○	○				○	○
インスタpost	○		○		○		○
筋トレ	○	○	○	○			○

毎日 単語に出合う

韓国語が読めない、聞こえない原因のほとんどが語彙力不足だと言っても過言ではありません！
このダイアリーを開けば、毎日ひとつの単語に出合えます！
出合った単語は語呂合わせなど工夫をして、どんどん覚えていきましょう～

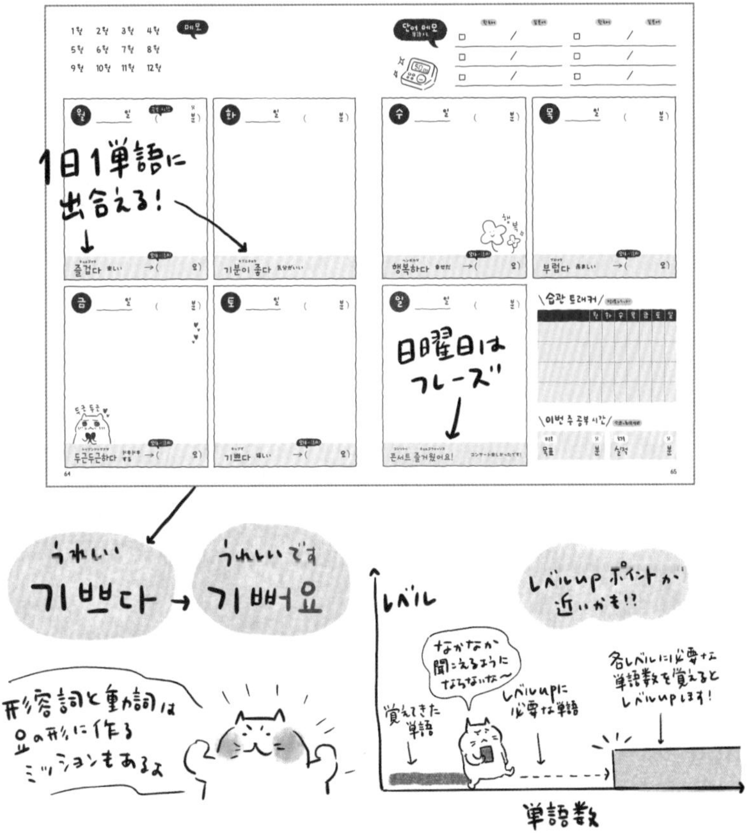

1日1単語に出合える！

즐겁다 楽しい

기분이 좋다 気分がいい

행복하다 幸せだ

부럽다 羨ましい

두근두근하다 ドキドキする

기쁘다 嬉しい

日曜日はフレーズ

콘서트 즐거웠어요! コンサート楽しかったです！

うれしい 기쁘다 → うれしいです 기뻐요

形容詞と動詞は요の形に作るミッションもあるよ

レベルupポイントが近いかも!?

レベル

なかなか聞こえるようにならないな～

覚えてきた単語

レベルupに必要な単語

各レベルに必要な単語数を覚えるとレベルupします！

単語数

韓国語をちゃんと身につけたい

1行日記をつける

書くことに慣れていないと、たった1行を書くことも大変なものです。
でも積み重ねていくことで、じわじわと語彙力や文を作る力がついてきますので、
ぜひ挑戦してみてくださいね！

① 下書き用ノートに書きたい1文を日本語で書いてみる。

書きたいことが思い浮かばない！
というときは、毎週日曜日のフレーズの
単語を入れ替えて使って
みるのもおすすめです。

おいしいサムギョプサルを食べたいです。

悩みすぎず
パッと思いついたのを
書いちゃお！

初級のうちは、요体の形で文を作ることがおすすめです。
(요体の作り方については、別冊韓国語 mini 文法集にまとめてあります)

② 名詞、動詞、形容詞、副詞などは巻末の単語ページで調べる。

ポッサム	보쌈 (ポッサム)
キムチチャーハン	김치볶음밥 (キムチボックンパプ)
ソルロンタン	설렁탕 (ソルロンタン)
サムギョプサル	삼겹살 (サムギョプサル)

食べる 食べます	먹다 (モクタ) 먹어요
飲む 飲みます	마시다 (マシダ) 마셔요

③ 文法表現を別冊韓国語mini文法集で調べる。

다の前にパッチムがある場合

-있다/없다 + 名詞

①있다/없다で終わる場合	②다をとる	③는をつける	+名詞で完成
맛있다 おいしい	맛있다	+는	맛있는 가게 美味しい店
재미있다 おもしろい	재미있다		재미있는 사람 おもしろい人
맛없다 まずい	맛없다		맛없는 요리 まずい料理
재미없다 つまらない	재미없다		재미없는 영화 つまらない映画

④ パーツを組み合わせて韓国語の文を作る。

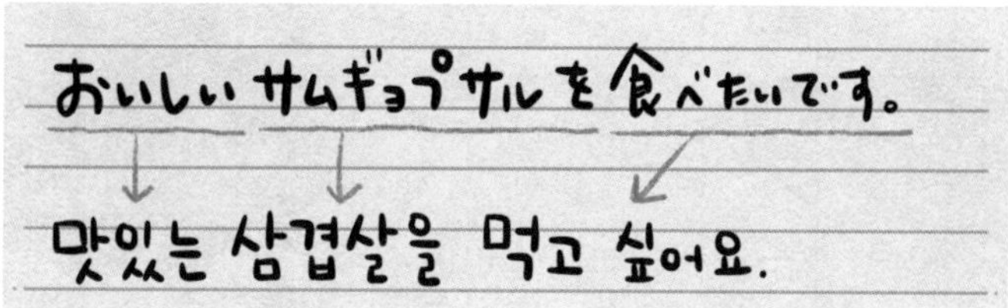

⑤ 清書して、ダイアリーに書く。

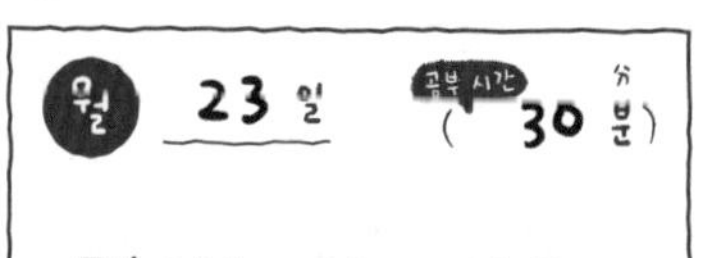

월
23 일
공부 시간
(30 분)
맛있는 삼겹살을
먹고 싶어요.

これで文章は完成ですが、
正しい文になっているか確認が必要です。

- Naver に文を打ち込んで検索
- Hi Native を活用

が手軽なやり方です。
そのほか有料添削サービスもあります！

スケジュールページの使い方

＼월간 스케줄／

月間スケジュール

月の表示

○월で○月という意味です。
使う月に印をつけます。

今月の目標

その月の目標を
書きこむスペースです。

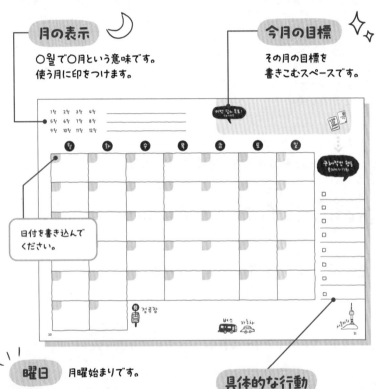

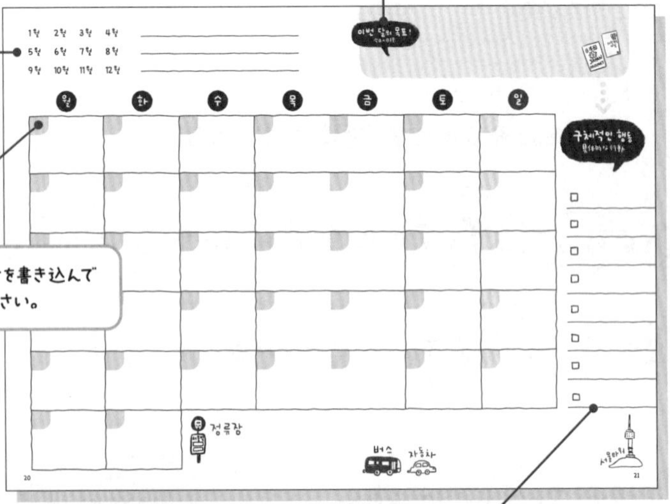

1월 2월 3월 4월
5월 6월 7월 8월
9월 10월 11월 12월

이번 달의 목표!

월 화 수 목 금 토 일

구체적인 행동

정류장

버스 자동차

서울타워

日付を書き込んでください。

曜日

月曜始まりです。

월（월요일）……月曜日
화（화요일）……火曜日
수（수요일）……水曜日
목（목요일）……木曜日
금（금요일）……金曜日
토（토요일）……土曜日
일（일요일）……日曜日

具体的な行動

月ごとの目標を実現するために
やるべきことをリスト化するスペースです。

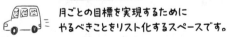

月と日にちと曜日の読み方は、
P.160 ～ 161 にあります。

＼주간 스케줄／

週間スケジュール

※本ダイアリーのルビは発音変化などを含めた韓国語に近いカタカナで表現しています。ただし、ハングルはカタカナでは表現しきれないので、学習の補助として参考程度にとどめてください。

勉強時間

毎日勉強した時間を記録します。

単語メモ

知らない単語はお宝です！すぐにメモできるスペースです。

メモ

韓国語　日本語

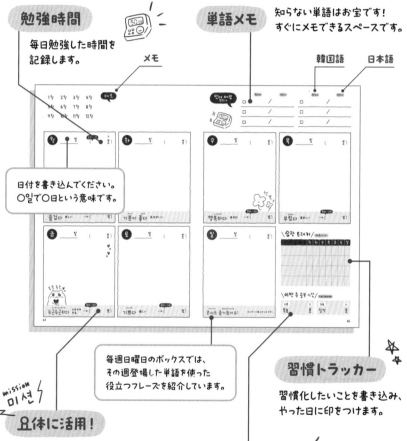

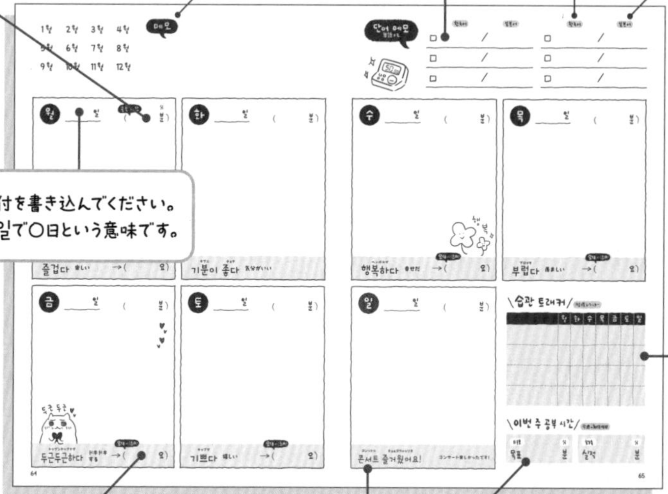

日付を書き込んでください。
〇일で〇日という意味です。

毎週日曜日のボックスでは、その週登場した単語を使った役立つフレーズを紹介しています。

習慣トラッカー

習慣化したいことを書き込み、やった日に印をつけます。

mission 미션

요体に活用！

動詞・形容詞には요体に活用するミッションをつけました。
巻末に요体の形も載せているので、わからない場合はチェックを！

今週の勉強時間

毎週の勉強時間の目標を決め実際の時間を記録します。

목차
もくじ

イラスト・デザインプロデュース　hime
デザイン　福田あやはな
編集協力　朴修賢、渡辺泰葉、
アイケーブリッジ外語学院　幡野泉、柳志英

※韓国語のフォントはKCC 도담도담체を使用しました。
저작물명　KCC 도담도담체
저작（권）자　한국저작권위원회 (저작물 51384 건)
출처　한국저작권위원회

연간 목표
年間 目標

「今日という日を何をして過ごすか」で、1年後が変わります！
具体的な年間目標の前にまず、数年内になっている姿をイメージして書き出してみましょう！

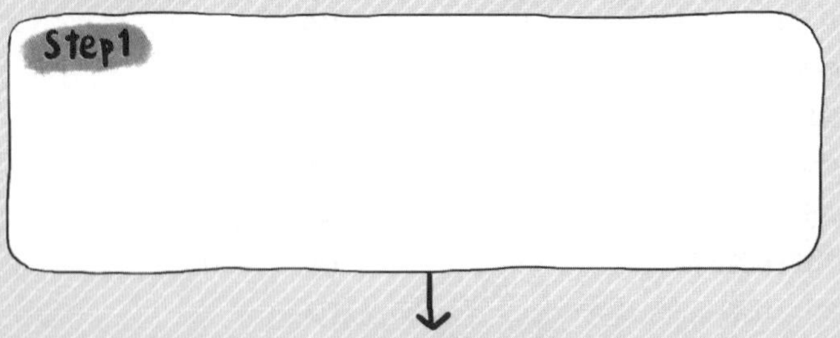

なっている姿が決まったら具体的な年間目標を決めましょう！

Step 2

例）私が韓国語を始めた時の目標
STEP1→「韓国語を活かした仕事をしている」
STEP2→「TOPIK（韓国語能力試験）2級合格！」

韓国語の実力を上げる年間目標として、試験合格がおすすめ！
理由 ① 期限があるので逃げられない =3 ② 成果が数値化される

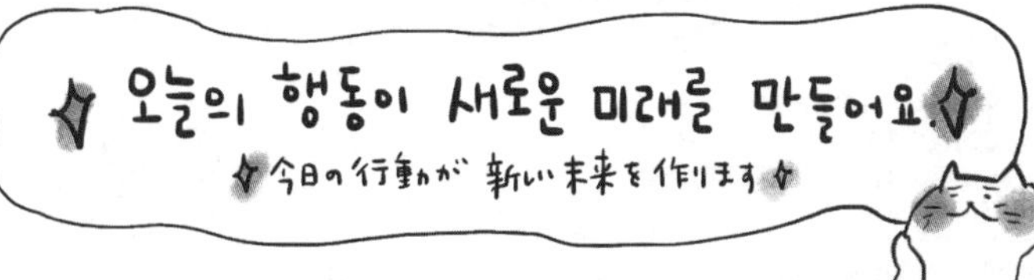

오늘의 행동이 새로운 미래를 만들어요.
今日の行動が新しい未来を作ります

月間スケジュール

월간 스케줄

반짝 반짝

화이팅~

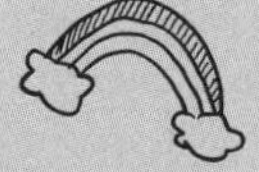

1월 2월 3월 4월

5월 6월 7월 8월

9월 10월 11월 12월

월	화	수	목

서울역

정류장

금	토	일

구체적인 행동
具体的な行動

- [ ]
- [ ]
- [ ]
- [ ]
- [ ]
- [ ]
- [ ]
- [ ]

1월 2월 3월 4월

5월 6월 7월 8월

9월 10월 11월 12월

월	화	수	목

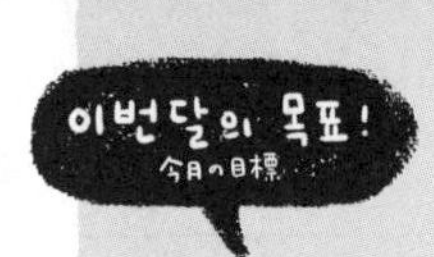

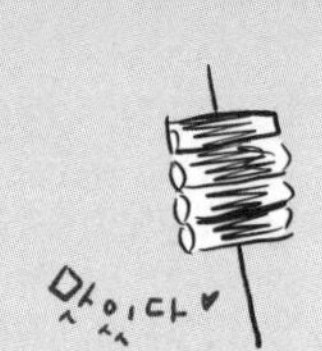

금	토	일

구체적인 행동
具体的な行動

- ☐
- ☐
- ☐
- ☐
- ☐
- ☐
- ☐
- ☐

1월 2월 3월 4월

5월 6월 7월 8월

9월 10월 11월 12월

월	화	수	목

장갑

김치용

금	토	일

구체적인 행동
具体的な行動

- ☐
- ☐
- ☐
- ☐
- ☐
- ☐
- ☐
- ☐

1월 2월 3월 4월

5월 6월 7월 8월

9월 10월 11월 12월

월	화	수	목

쇼핑

금	토	일

구체적인 행동
具体的な行動

- [ ]
- [ ]
- [ ]
- [ ]
- [ ]
- [ ]
- [ ]
- [ ]

1월 2월 3월 4월

5월 6월 7월 8월

9월 10월 11월 12월

월	화	수	목

Busan
Seoul
To

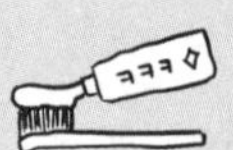

금	토	일

구체적인 행동
具体的な行動

- ☐
- ☐
- ☐
- ☐
- ☐
- ☐
- ☐
- ☐

1월 2월 3월 4월

5월 6월 7월 8월

9월 10월 11월 12월

월	화	수	목

금	토	일

구체적인 행동
具体的な行動

- [ ]
- [ ]
- [ ]
- [ ]
- [ ]
- [ ]
- [ ]
- [ ]

1월 2월 3월 4월

5월 6월 7월 8월

9월 10월 11월 12월

월	화	수	목

금	토	일

구체적인 행동
具体的な行動

- □
- □
- □
- □
- □
- □
- □
- □

1월 2월 3월 4월

5월 6월 7월 8월

9월 10월 11월 12월

월	화	수	목

최애

금	토	일

구체적인 행동
具体的な行動

- ☐
- ☐
- ☐
- ☐
- ☐
- ☐
- ☐
- ☐

1월 2월 3월 4월

5월 6월 7월 8월

9월 10월 11월 12월

월	화	수	목

머그

컵

금	토	일

구체적인 행동
具体的な行動

- ☐
- ☐
- ☐
- ☐
- ☐
- ☐
- ☐
- ☐

1월 2월 3월 4월

5월 6월 7월 8월

9월 10월 11월 12월

월	화	수	목

금	토	일

구체적인 행동
具体的な行動

- ☐
- ☐
- ☐
- ☐
- ☐
- ☐
- ☐
- ☐

1월 2월 3월 4월

5월 6월 7월 8월

9월 10월 11월 12월

월	화	수	목

금	토	일

구체적인 행동
具体的な行動

- ☐
- ☐
- ☐
- ☐
- ☐
- ☐
- ☐
- ☐

1월 2월 3월 4월

5월 6월 7월 8월

9월 10월 11월 12월

월	화	수	목

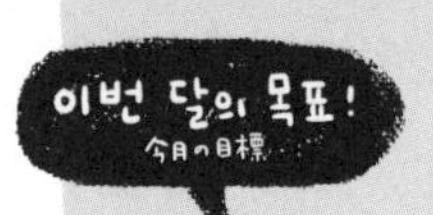

금	토	일

구체적인 행동
具体的な行動

- ☐
- ☐
- ☐
- ☐
- ☐
- ☐
- ☐
- ☐

메모

쇼핑

추천

우리치킨

週間スケジュール
주간 스케줄

생일 축하해요

맛없다
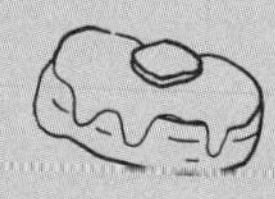

커피
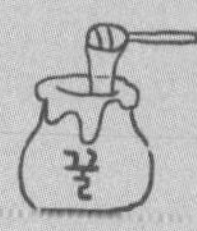
꿀

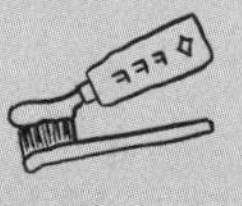
ㅋㅋㅋ

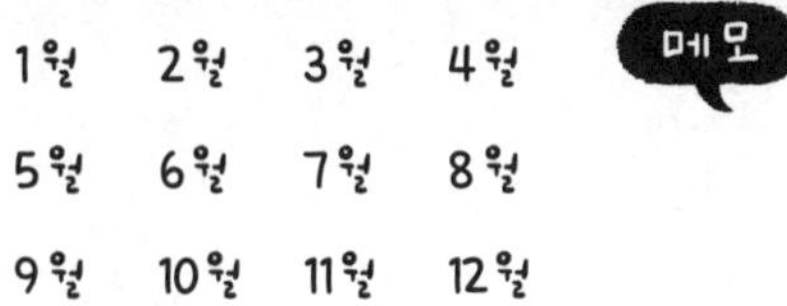
1월 2월 3월 4월
5월 6월 7월 8월
9월 10월 11월 12월
메모

월
일
공부 시간
(분)
分
ナルシ
날씨 天気

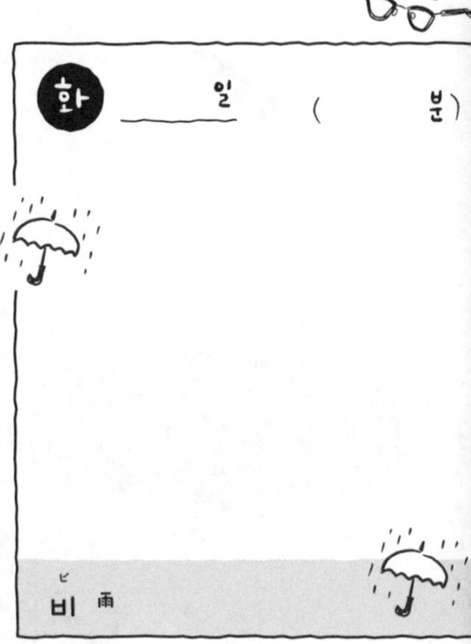
화
일
(분)
ビ
비 雨

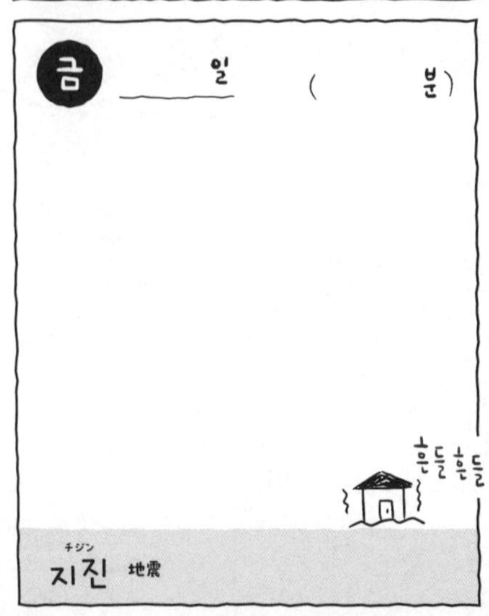
금
일
(분)
흔들흔들
チジン
지진 地震

토
일
(분)
イルギ イェボ
일기 예보 天気予報

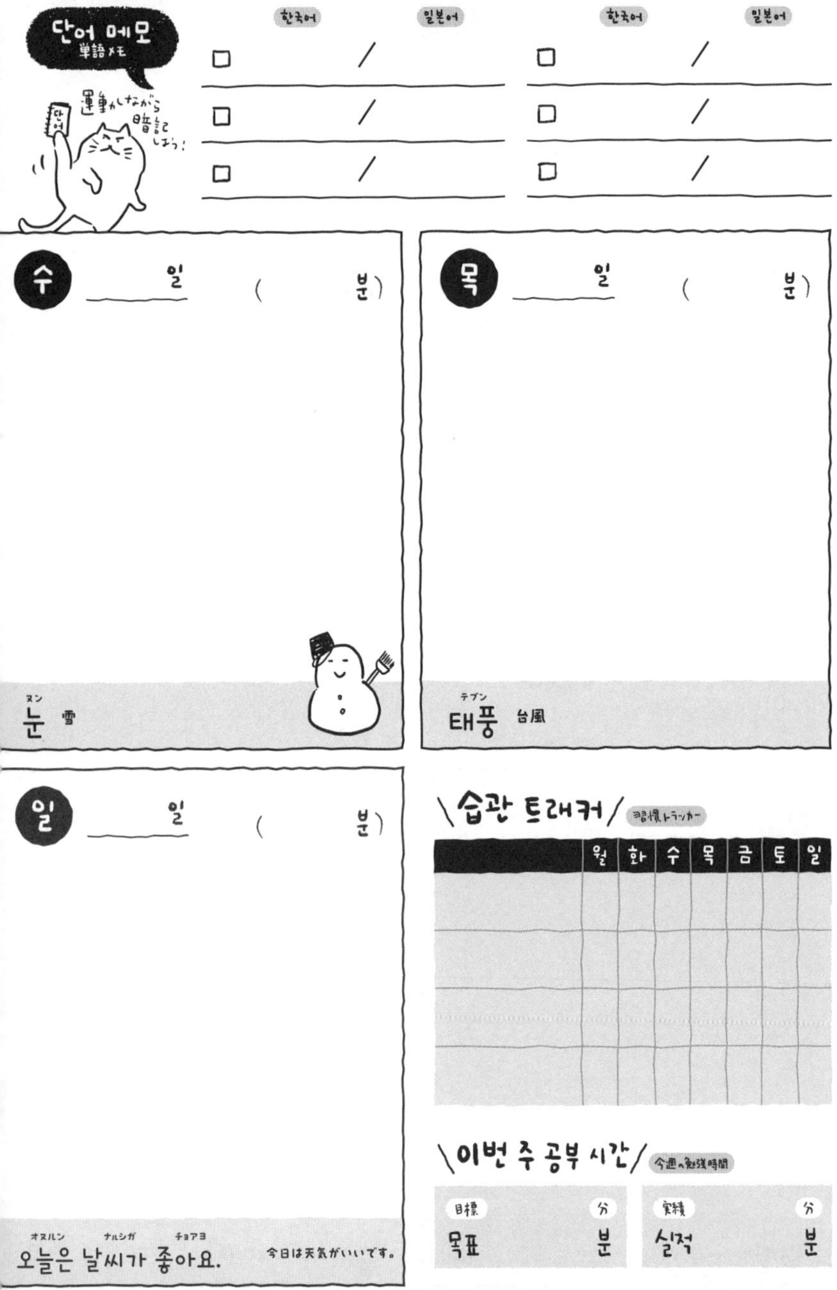

단어 메모
単語メモ
運動しながら暗記しよう!
한국어
일본어
한국어
일본어
수
일
분
목
일
분
ヌン
눈 雪
テプン
태풍 台風
일
일
분
습관 트래커
習慣トラッカー
월
화
수
목
금
토
일
이번 주 공부 시간
今週の勉強時間
目標
分
목표
분
実績
分
실적
분
オヌルン ナルシガ チョアヨ
오늘은 날씨가 좋아요.
今日は天気がいいです。

1월　2월　3월　4월

5월　6월　7월　8월

9월　10월　11월　12월

메모

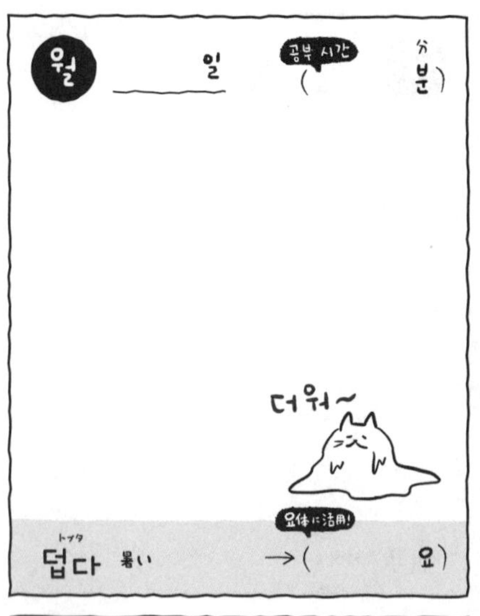

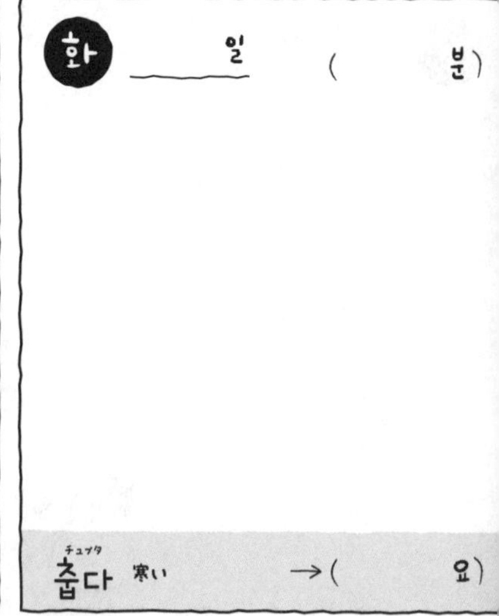

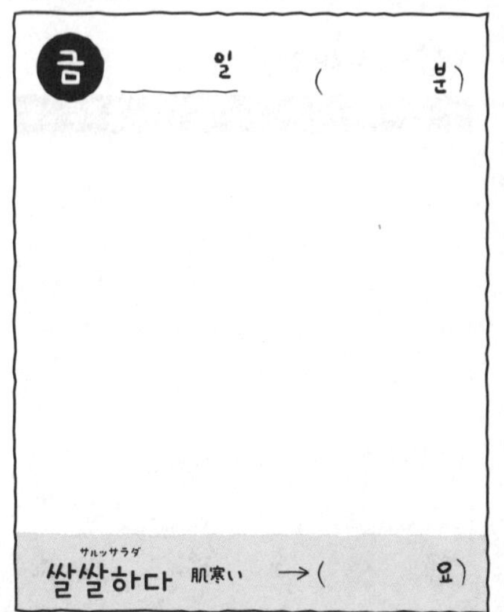

토　일　(　분)

スパダ
습하다 ジメジメする →(　요)

단어 메모
単語メモ

한국어	일본어	한국어	일본어
□	/	□	/
□	/	□	/
□	/	□	/

화이팅~

수 ____일 (　　分)

タットゥタダ
따뜻하다 暖かい →(　　요)

목 ____일 (　　分)

シウォナダ
시원하다 涼しい →(　　요)

일 ____일 (　　分)

チュウォソ ナガギ シロヨ
추워서 나가기 싫어요. 寒くて出かけたくないです。

습관 트래커 習慣トラッカー

	월	화	수	목	금	토	일

이번 주 공부 시간 今週の勉強時間

目標 목표　分 분

実績 실적　分 분

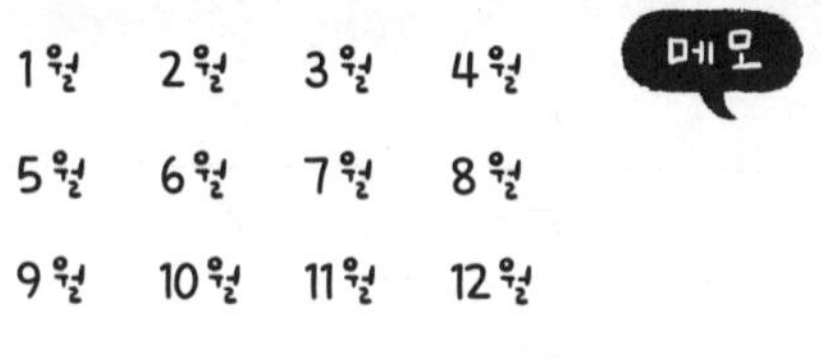
1월 2월 3월 4월
5월 6월 7월 8월
9월 10월 11월 12월
메모

월
일
공부 시간
(分 분)
ハヌル
하늘 空

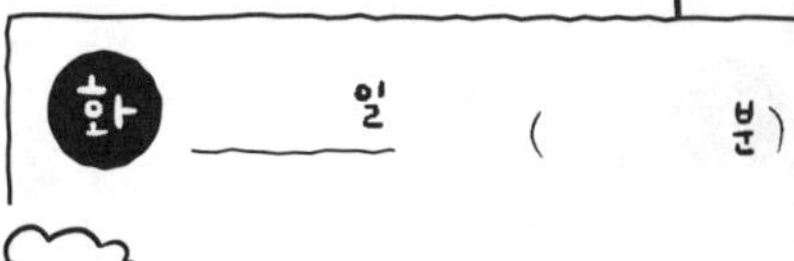
화
일
(분)

クルム
구름 雲

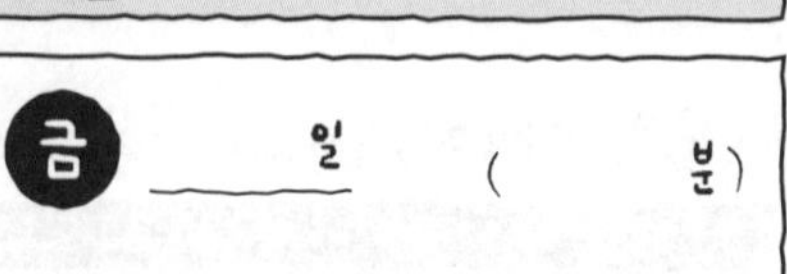
금
일
(분)

ムジゲ
무지개 虹

토
일
(분)
チョンドゥン
천둥 雷

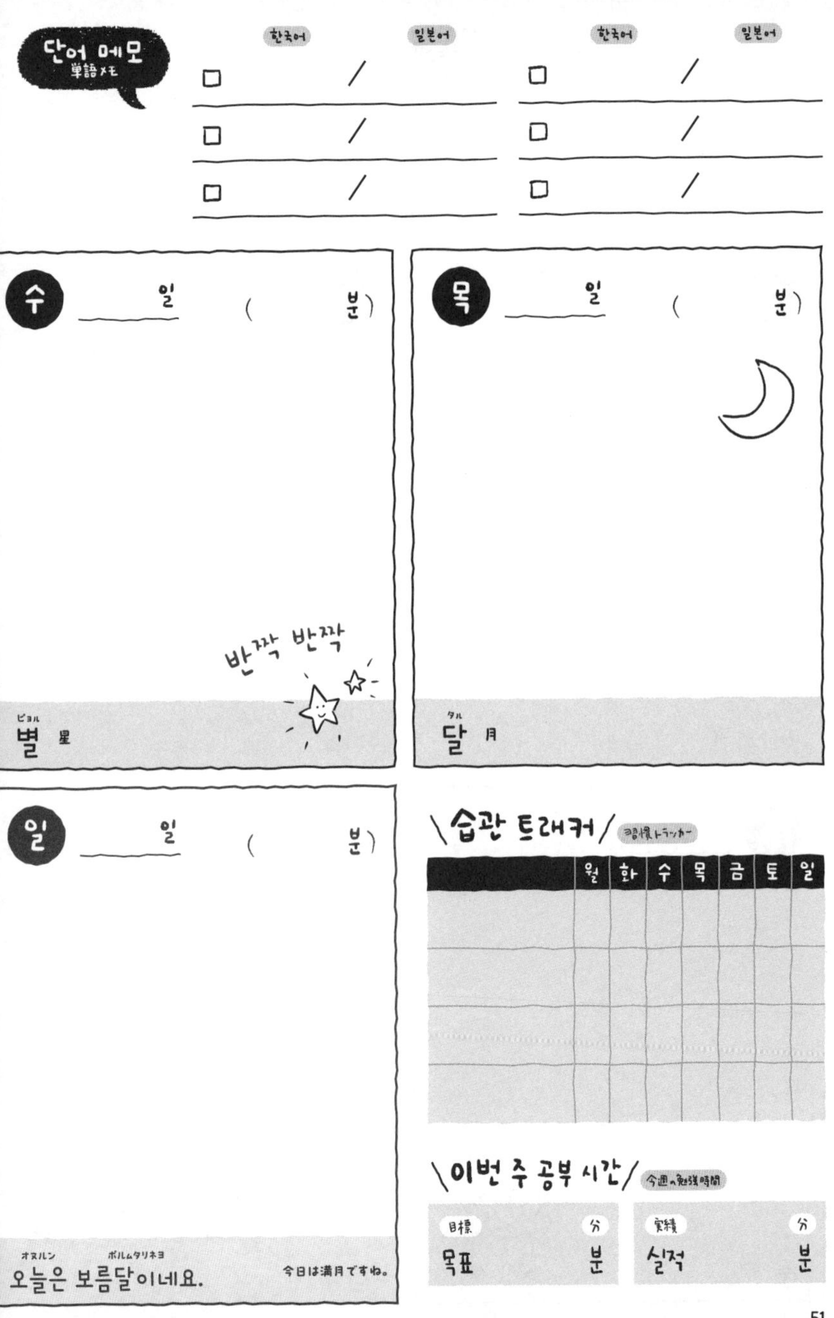
단어 메모
単語メモ
한국어
일본어
한국어
일본어
수
일
분
반짝 반짝
ピョル
별 星
목
일
분
タル
달 月
일
일
분
オヌルン
ポルムタリネヨ
오늘은 보름달이네요.
今日は満月ですね。
습관 트래커
習慣トラッカー
월
화
수
목
금
토
일
이번 주 공부 시간
今週の勉強時間
目標
分
목표
분
実績
分
실적
분

1월 2월 3월 4월

5월 6월 7월 8월

9월 10월 11월 12월

월 ＿＿＿ 일　공부 시간 （　　分 분）

바다 海
^{バダ}

화 ＿＿＿ 일　　（　　분）

파도 波
^{バド}

금 ＿＿＿ 일　　（　　분）

꽃 花
^{コッ}

토 ＿＿＿ 일　　（　　분）

나무 木
^{ナム}

메모

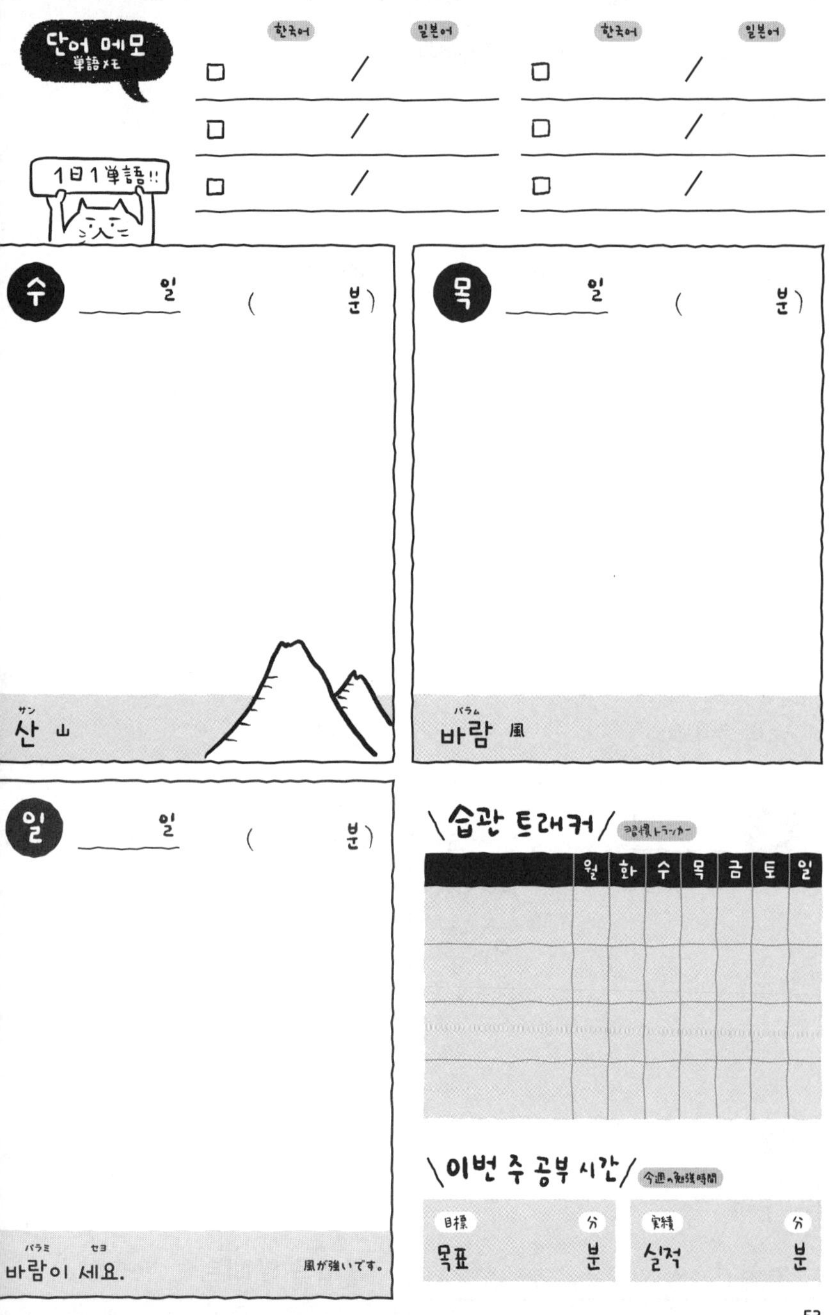
단어 메모
単語メモ
1日1単語!!
한국어
일본어
수
일
분
목
산 山
サン
바람 風
バラム
일
바라미 セヨ
바람이 세요.
風が強いです。
\습관 트래커/
習慣トラッカー
월
화
수
목
금
토
일
\이번 주 공부 시간/
今週の勉強時間
目標
分
목표
분
実績
実적
실적
分
분

1월 2월 3월 4월

5월 6월 7월 8월

9월 10월 11월 12월

월 _____일　　공부 시간 （　　분）

계절 ケジョル 季節

화 _____일　　（　　분）

봄 ボム 春

금 _____일　　（　　분）

겨울 キョウル 冬

토 _____일　　（　　분）

꽃가루 알레르기 コッカル アルレルギ 花粉症

메모

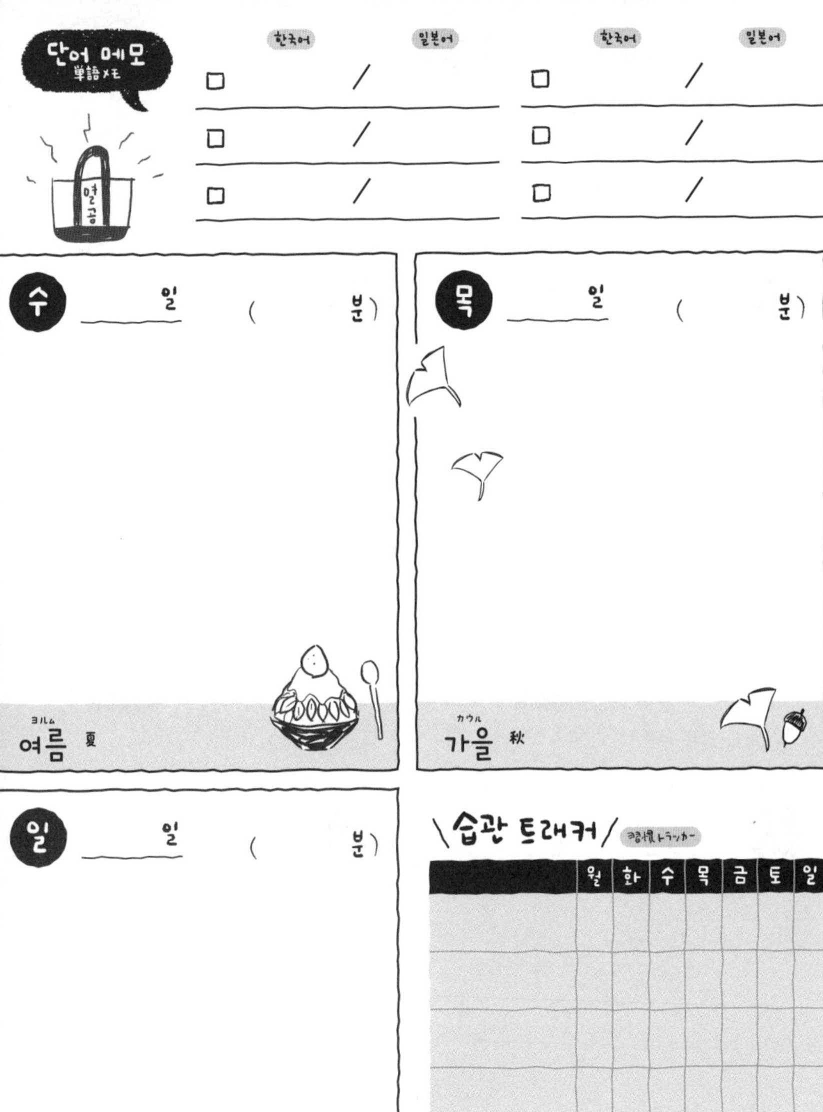

단어 메모 単語メモ

	한국어	일본어		한국어	일본어
☐	/		☐	/	
☐	/		☐	/	
☐	/		☐	/	

수 ___ 일 (분)

여름 夏 (ヨルム)

목 ___ 일 (분)

가을 秋 (カウル)

일 ___ 일 (분)

コッカル テムネ ヒムドゥロヨ
꽃가루 때문에 힘들어요.
花粉のせいで辛いです。

습관 트래커 習慣トラッカー

	월	화	수	목	금	토	일

이번 주 공부 시간 今週の勉強時間

目標 分
목표 분

実績 分
실적 분

1월 2월 3월 4월
5월 6월 7월 8월
9월 10월 11월 12월

메모

단어 메모
単語メモ

ねる2時間前にインプット♢

흠 흠

한국어	일본어	한국어	일본어
□	/	□	/
□	/	□	/
□	/	□	/

수 ____ 일 (　　　분)

イルル　タッタ
이를 닦다 歯を磨く

목 ____ 일 (　　　분)

パルレハダ
빨래하다 洗濯する →(　　　요) 요体に活用!

일 ____ 일 (　　　분)

ヨソッシエ　イロナヨ
6시에 일어나요. 6時に起きます。

\습관 트래커/ 習慣トラッカー

	월	화	수	목	금	토	일

\이번 주 공부 시간/ 今週の勉強時間

目標	分	実績	分
목표	분	실적	분

1월 2월 3월 4월
5월 6월 7월 8월
9월 10월 11월 12월

메모

월 ＿＿＿ 일 공부 시간 (分 분)

전철을 타다（チョンチョルル タダ） 電車に乗る

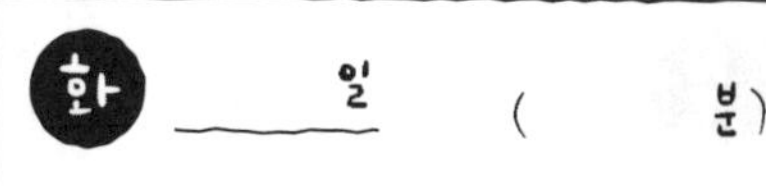

화 ＿＿＿ 일 (분)

음악을 듣다（ウマグル トゥッタ） 音楽を聴く

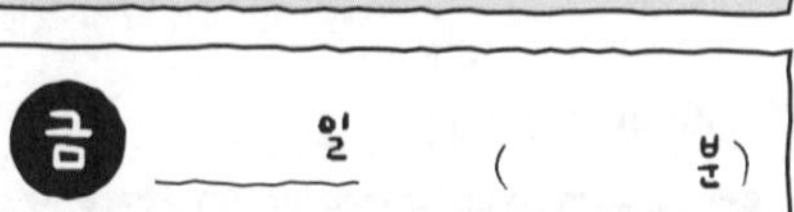

금 ＿＿＿ 일 (분)

도시락을 먹다（トシラグル モッタ） 弁当を食べる

토 ＿＿＿ 일 (분)

커피를 마시다（コピルル マシダ） コーヒーを飲む

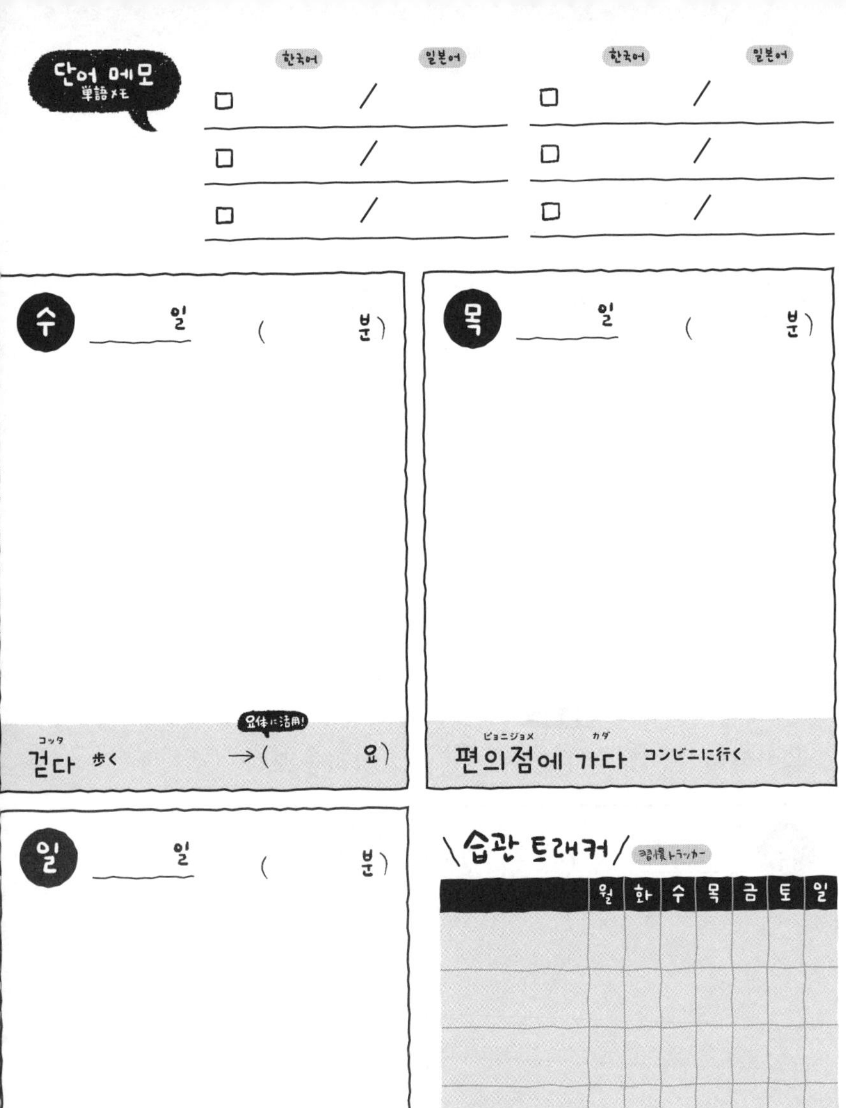

フェサッカジ コロヨ
회사까지 걸어요. 会社まで歩きます。

\이번 주 공부 시간/ 今週の勉強時間

目標 分
목표 분

実績 分
실적 분

1월 2월 3월 4월

5월 6월 7월 8월

9월 10월 11월 12월

메모

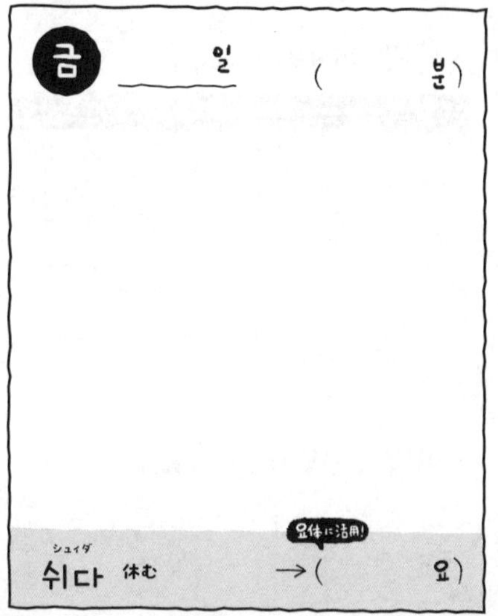

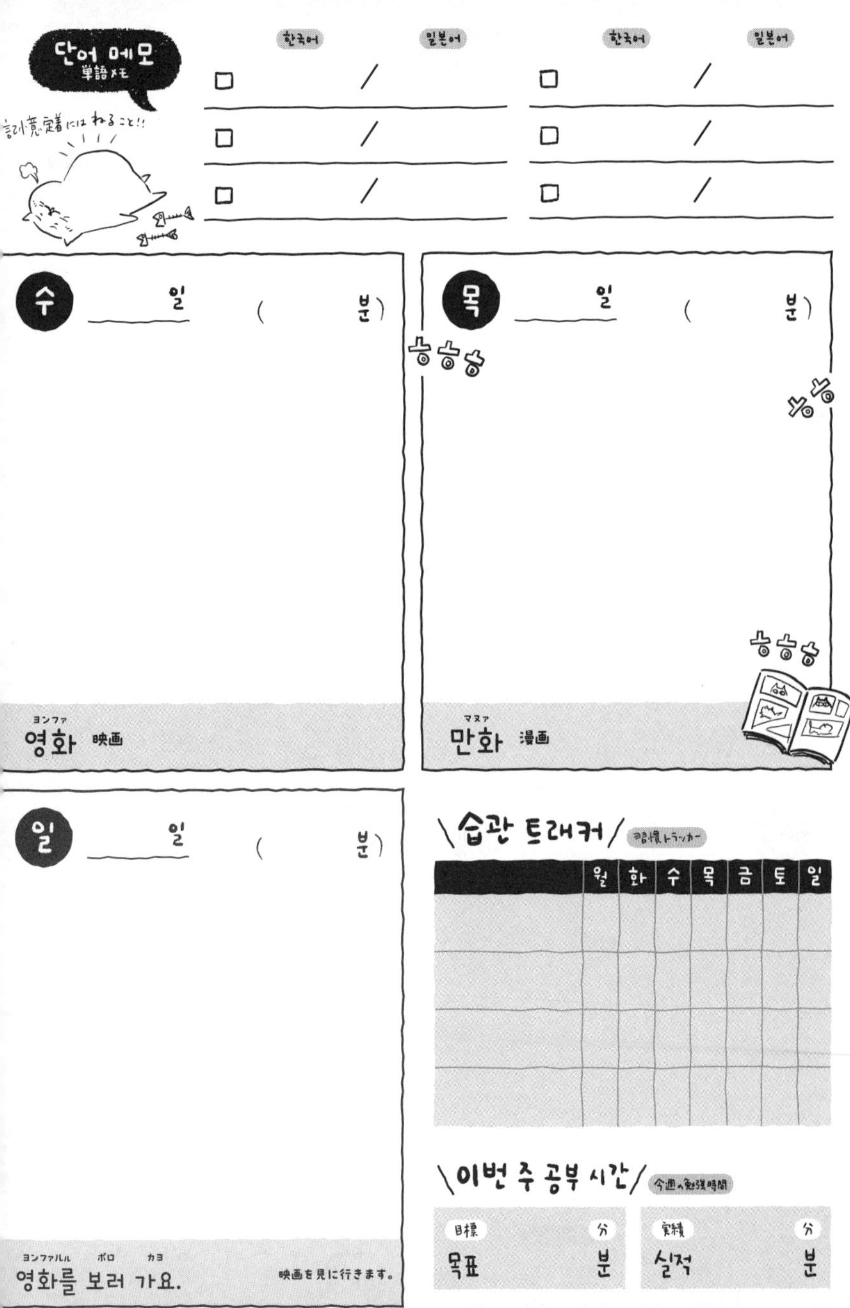
단어 메모
単語メモ
한국어
일본어
한국어
일본어
記憶定着にはねること!!
수
일
분
목
일
분
ㅎㅎㅎ
ㅋㅋ
ㅎㅎㅎ
ヨンファ
영화 映画
マヌァ
만화 漫画
일
일
분
습관 트래커
習慣トラッカー
월 화 수 목 금 토 일
이번 주 공부 시간
今週の勉強時間
目標
分
목표
분
実績
分
실적
분
ヨンファルル ポロ カヨ
영화를 보러 가요.
映画を見に行きます。

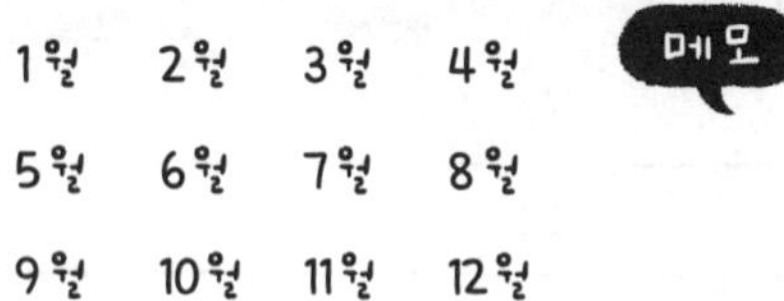

ハル ジョンイル
하루 종일 一日中

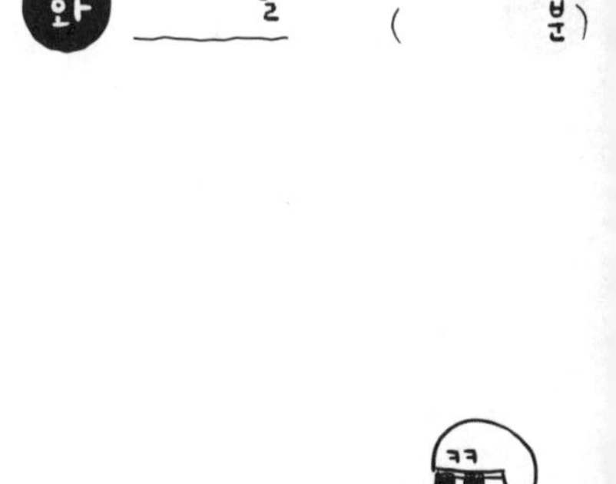

ペダルル シキダ

1월　2월　3월　4월　　 메모

5월　6월　7월　8월

9월　10월　11월　12월

| 월 　____ 일　（공부 시간 　분） | 하 　____ 일　（　분） |

배달을 시키다 出前をとる

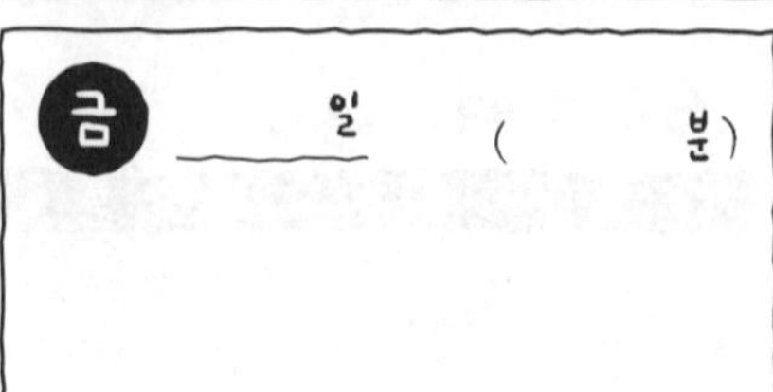

チョルリダ
졸리다 眠い

→(요)

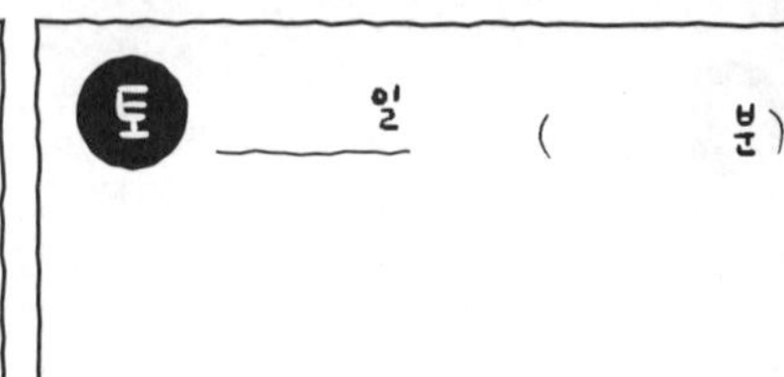

セビョク
새벽 明け方

단어 메모
単語メモ

한국어		일본어	한국어		일본어
□	/		□	/	
□	/		□	/	
□	/		□	/	

수 ____ 일 (분)

라면을 끓이다 ラーメンを作る
(ラミョヌル クリダ)

목 ____ 일 (분)

밤을 새우다 徹夜する
(バムル セウダ)

일 ____ 일 (분)

하루 종일 졸렸어요. 一日中眠かったです。
(ハル ジョンイル チョルリョッソヨ)

\습관 트래커/ 習慣トラッカー

	월	화	수	목	금	토	일

\이번 주 공부 시간/ 今週の勉強時間

目標 목표 分 분

実績 실적 分 분

1월 2월 3월 4월

5월 6월 7월 8월

9월 10월 11월 12월

메모

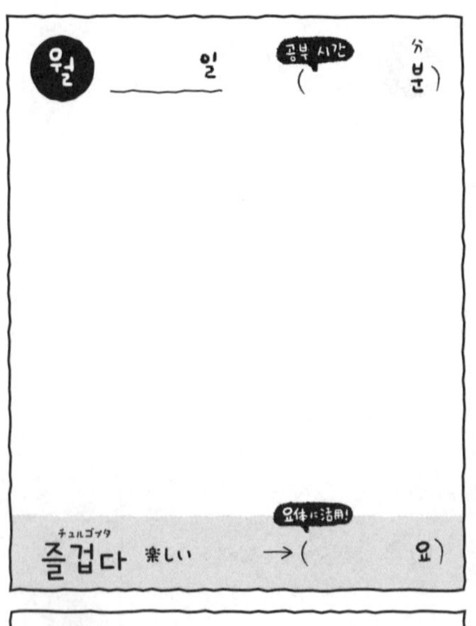

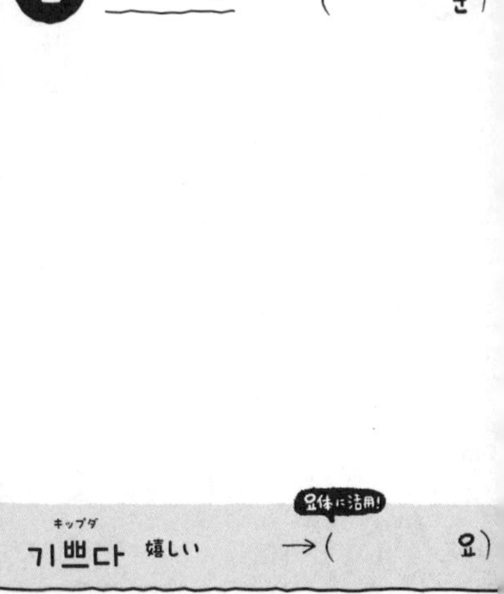

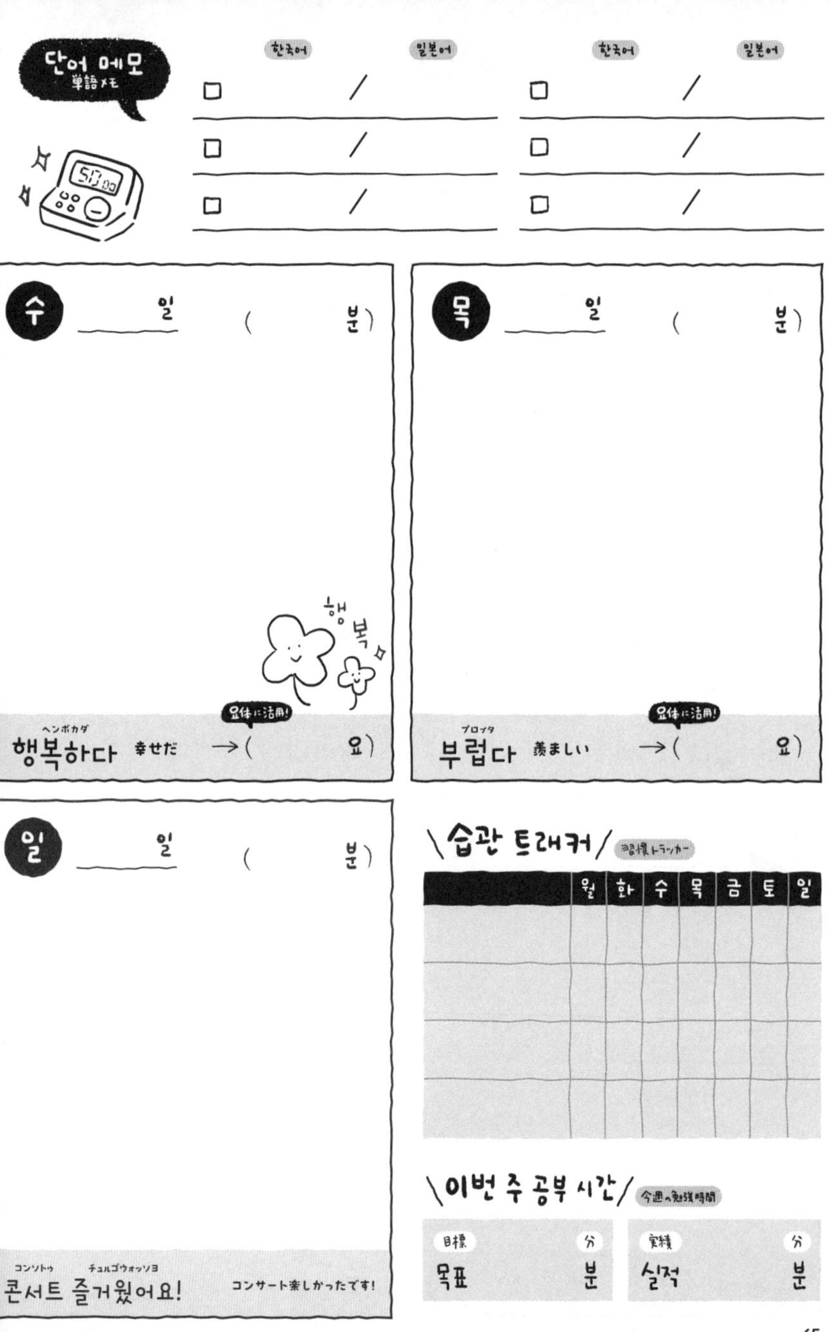
단어 메모
単語メモ
한국어
일본어
한국어
일본어
수
일
분
행복
요体に活用!
ヘンボカダ
행복하다 幸せだ
요
목
일
분
요体に活用!
プロッタ
부럽다 羨ましい
요
일
일
분
コンソトゥ
チュルゴウォッソヨ
콘서트 즐거웠어요!
コンサート楽しかったです!
습관 트래커
習慣トラッカー
월
화
수
목
금
토
일
이번 주 공부 시간
今週の勉強時間
目標
分
목표
분
実績
分
실적
분

1월 2월 3월 4월

5월 6월 7월 8월

9월 10월 11월 12월

메모

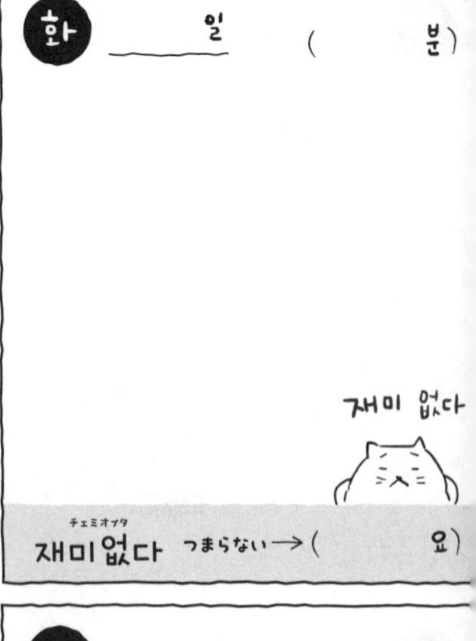

토 일 (분)

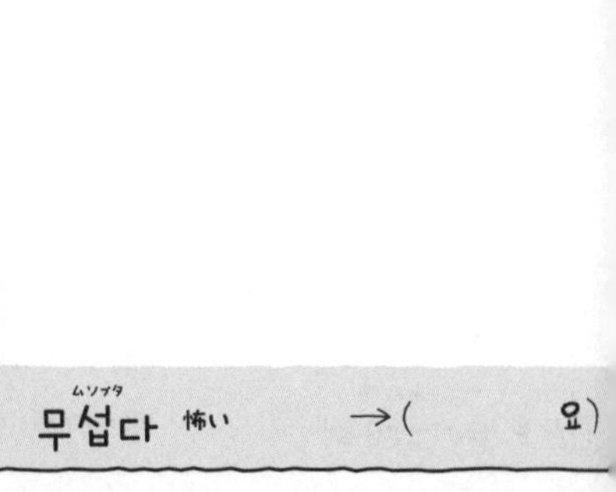

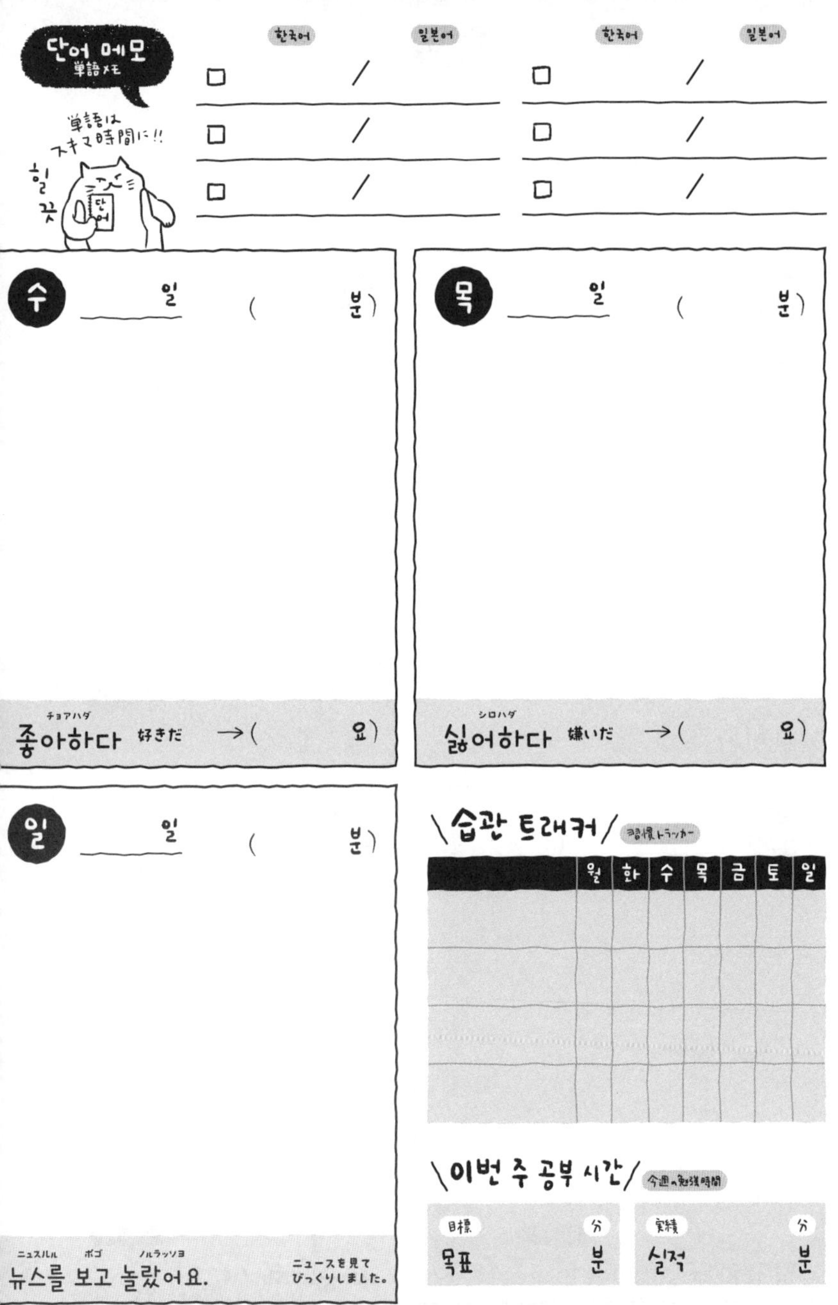

단어 메모
単語メモ
単語は スキマ時間に!!
힐끗
단어
한국어
일본어
한국어
일본어
수
일
분
チョアハダ
좋아하다 好きだ →(요)
목
일
분
シロハダ
싫어하다 嫌いだ →(요)
일
일
분
ニュスルル ボゴ ノルラッソヨ
뉴스를 보고 놀랐어요.
ニュースを見てびっくりしました。
습관 트래커
習慣トラッカー
월 화 수 목 금 토 일
이번 주 공부 시간
今週の勉強時間
目標 分
목표 분
実績 分
실적 분

1월 2월 3월 4월

5월 6월 7월 8월

9월 10월 11월 12월

메모

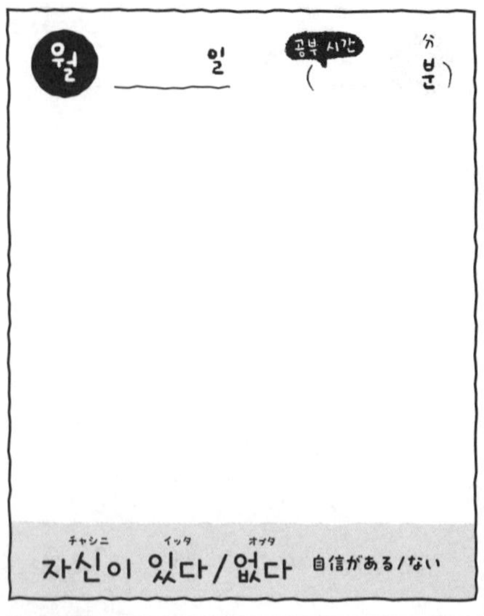

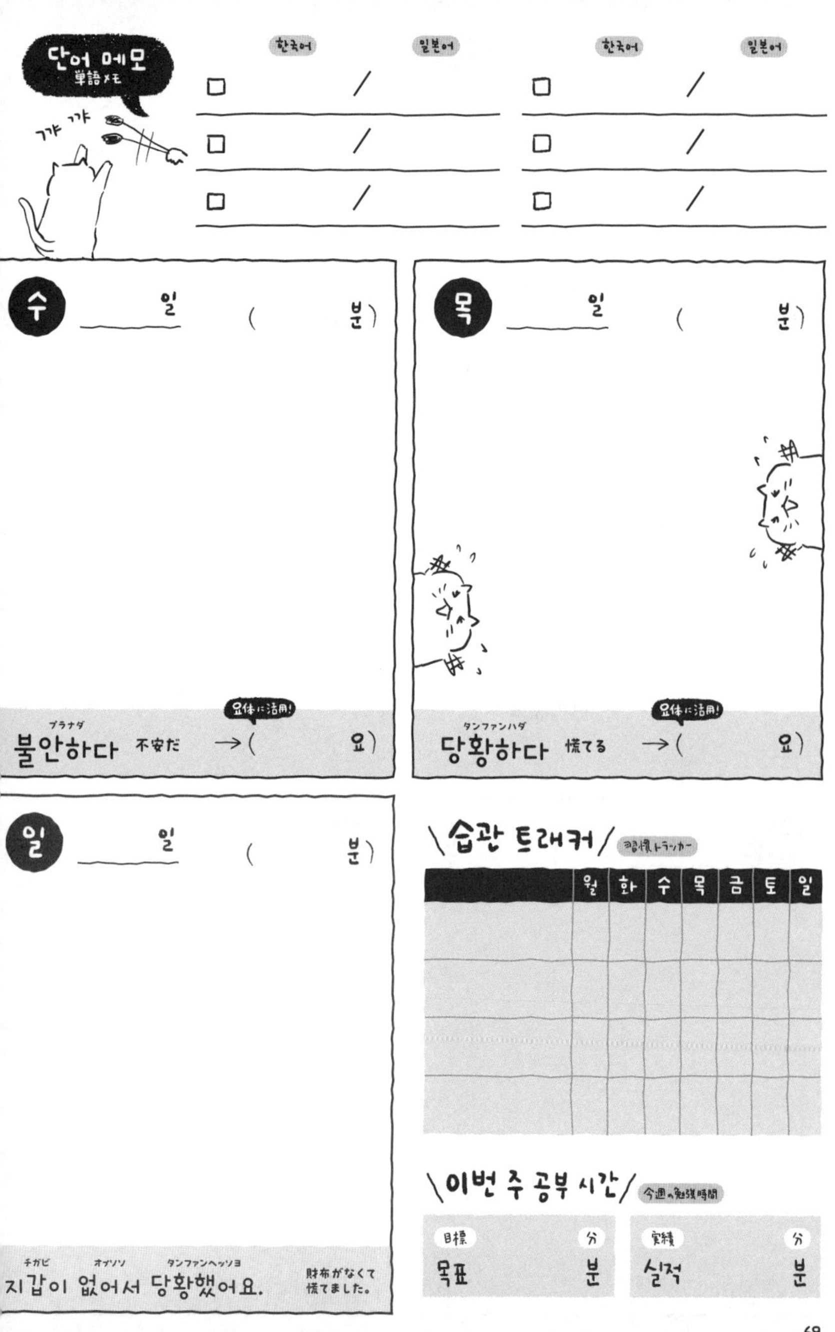
단어 메모
単語メモ
한국어
일본어
한국어
일본어
수
일
(분)
요体に活用!
ブラナダ
불안하다 不安だ → (요)
목
일
(분)
요体に活用!
タンファンハダ
당황하다 慌てる → (요)
일
일
(분)
チガビ オプソソ タンファンヘッソヨ
지갑이 없어서 당황했어요.
財布がなくて慌てました。
습관 트래커
習慣トラッカー
월 화 수 목 금 토 일
이번 주 공부 시간
今週の勉強時間
目標 分
목표 분
実績 分
실적 분

1월 2월 3월 4월

5월 6월 7월 8월

9월 10월 11월 12월

메모

화 일 (분)

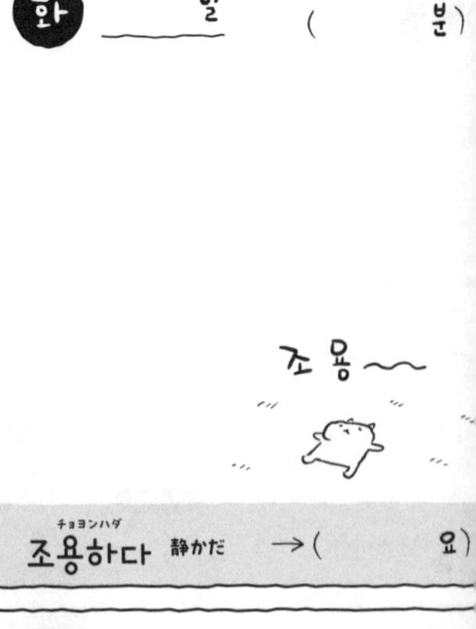

토 일 (분)

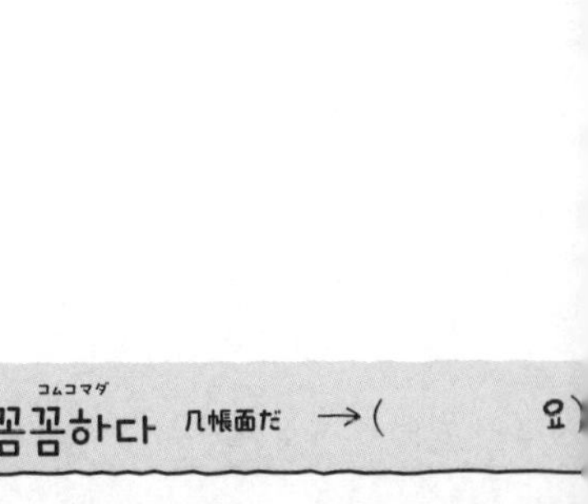

단어 메모
単語メモ

한국어	일본어	한국어	일본어
□	/	□	/
□	/	□	/
□	/	□	/

화이팅~

수 ____ 일 (분)

ソルチカダ
솔직하다 正直だ →(요)

목 ____ 일 (분)

チャカダ
착하다 やさしい →(요)

일 ____ 일 (분)

ナンピョヌン コムコメヨ
남편은 꼼꼼해요. 夫は几帳面です。

습관 트래커 習慣トラッカー

	월	화	수	목	금	토	일

이번 주 공부 시간 今週の勉強時間

目標 分
목표 분

実績 分
실적 분

三日坊主は誰でも一緒!
続けるために工夫を
새로운 문구
新しい文具
카페에서
기분 좋게~
カフェで気分よく~
EI

脳は飽きっぽいので、続けさせるには工夫が必要です。
好きな文房具を使ったり、カフェで勉強したり、
ワクワクする環境を作ってあげましょう。

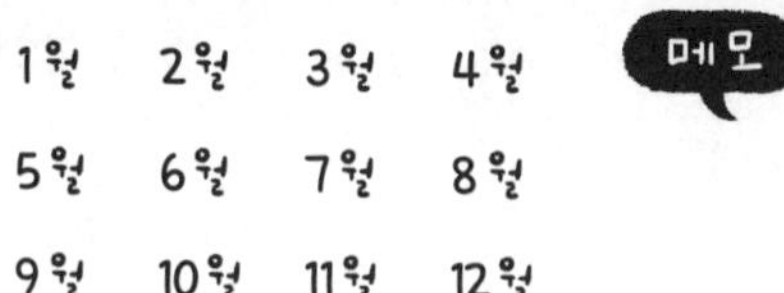

1월 2월 3월 4월

5월 6월 7월 8월

9월 10월 11월 12월

메모

월 ____ 일 공부 시간 (분) 分

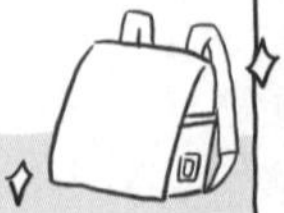

チョドゥンハッキョ
초등학교 小学校

화 ____ 일 (분)

チュンハッキョ
중학교 中学校

금 ____ 일 (분)

テハグォン
대학원 大学院

토 ____ 일 (분)

ハグォン
학원 塾(教室)

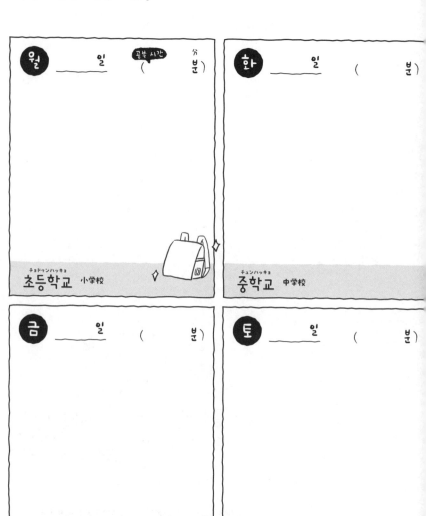

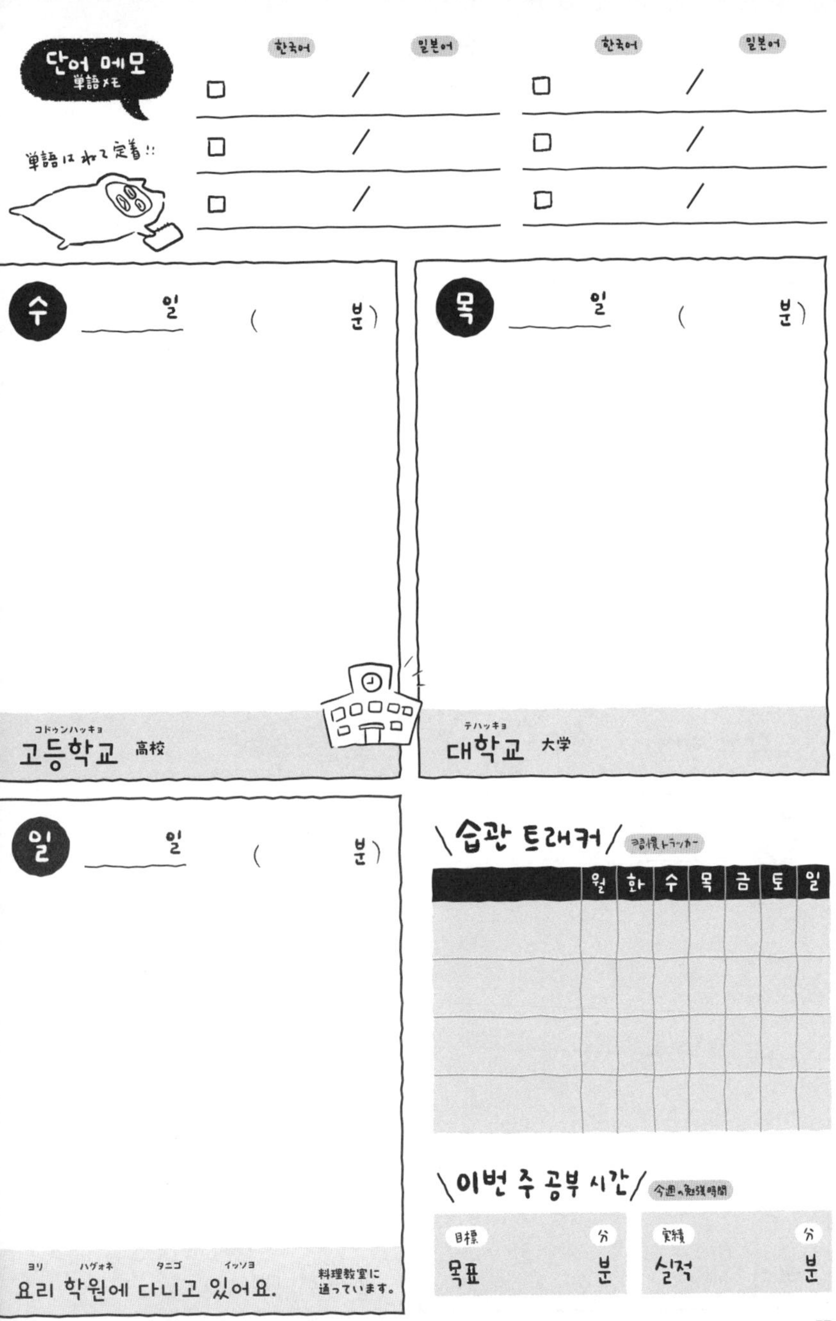
단어 메모
単語メモ
単語は寝て定着!!
한국어
일본어
한국어
일본어
수
일
분
목
일
분
コドゥンハッキョ
고등학교 高校
テハッキョ
대학교 大学
일
일
분
ヨリ ハグォネ タニゴ イッソヨ
요리 학원에 다니고 있어요. 料理教室に通っています。
습관 트래커 習慣トラッカー
월 화 수 목 금 토 일
이번 주 공부 시간 今週の勉強時間
目標
목표
分
분
実績
실적
分
분

1월 2월 3월 4월

5월 6월 7월 8월

9월 10월 11월 12월

메모

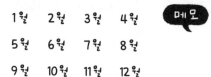

단어 메모
単語メモ

한국어	일본어	한국어	일본어
□	/	□	/
□	/	□	/
□	/	□	/

수 ____일 (　　분)

スオプ
수업 授業

목 ____일 (　　분)

ハッキ
학기 学期

일 ____일 (　　분)

トンチャンフェエ カル コエヨ
동창회에 갈 거예요. 同窓会に行くつもりです。

\습관 트래커/ 習慣トラッカー

	월	화	수	목	금	토	일

\이번 주 공부 시간/ 今週の勉強時間

目標 分
목표 분

実績 分
실적 분

1월 2월 3월 4월

5월 6월 7월 8월

9월 10월 11월 12월

메모

キョシル
교실 教室

ソンセンニム
선생님 先生

ソンジョク
성적 成績

ハプキョク
합격 合格

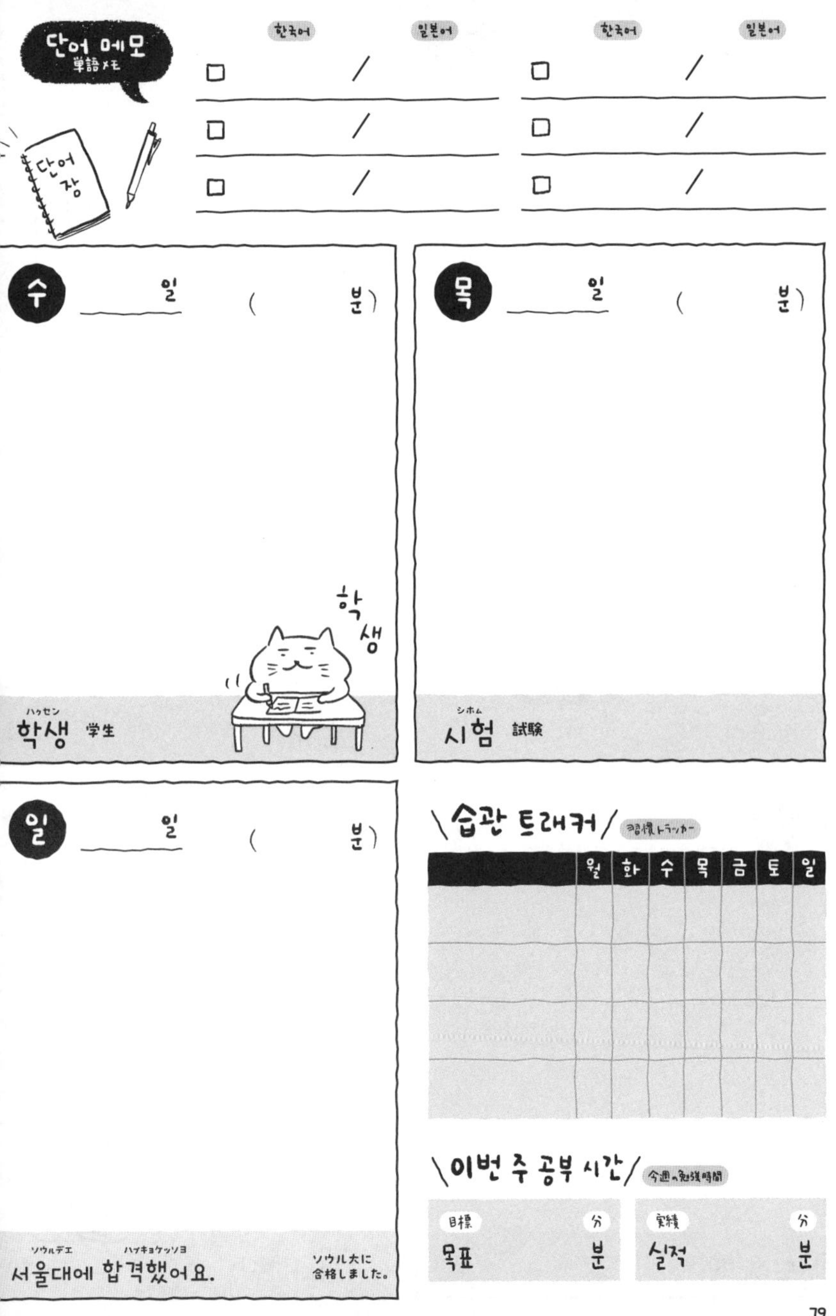

단어 메모
単語メモ
한국어
일본어
한국어
일본어
단어장
수
일
분
학생
ハッセン
학생 学生
목
일
분
シホム
시험 試験
일
일
분
ソウルデエ
ハプキョケッソヨ
서울대에 합격했어요.
ソウル大に合格しました。
습관 트래커
習慣トラッカー
월
화
수
목
금
토
일
이번 주 공부 시간
今週の勉強時間
目標
分
목표
분
実績
分
실적
분

1월 2월 3월 4월

5월 6월 7월 8월

9월 10월 11월 12월

메모

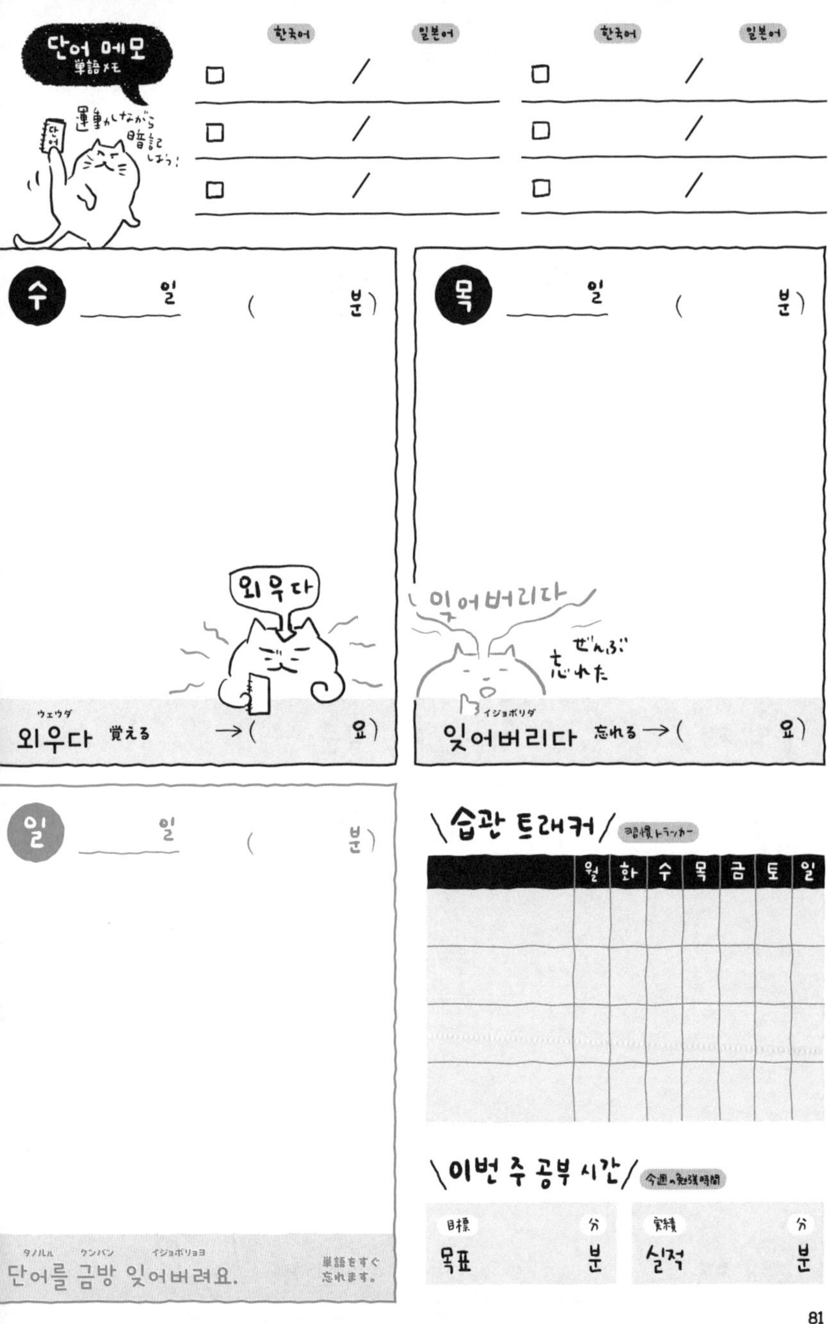
단어 메모
単語メモ
運動しながら暗記しよう!
한국어 / 일본어
한국어 / 일본어
수 일 (분)
목 일 (분)
외우다
잊어버리다
ぜんぶ忘れた
ウェウダ
외우다 覚える →(요)
イジョボリダ
잊어버리다 忘れる →(요)
일 일 (분)
タノルル クンバン イジョボリョヨ
단어를 금방 잊어버려요.
単語をすぐ忘れます。
습관 트래커
習慣トラッカー
월 화 수 목 금 토 일
이번 주 공부 시간
今週の勉強時間
目標 分
목표 분
実績 分
실적 분

1월 2월 3월 4월

5월 6월 7월 8월

9월 10월 11월 12월

메모

월 ____ 일 공부 시간 (分 분)

ムンポッ
문법 文法

화 ____ 일 (분)

チャンムン
작문 作文

금 ____ 일 (분)

キョジェ
교재 教材

토 ____ 일 (분)

サジョン
사전 辞書

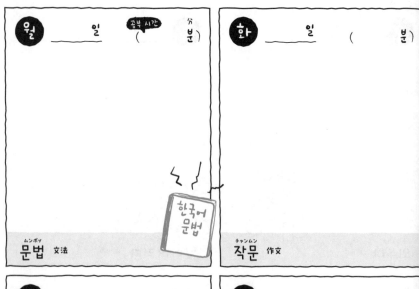

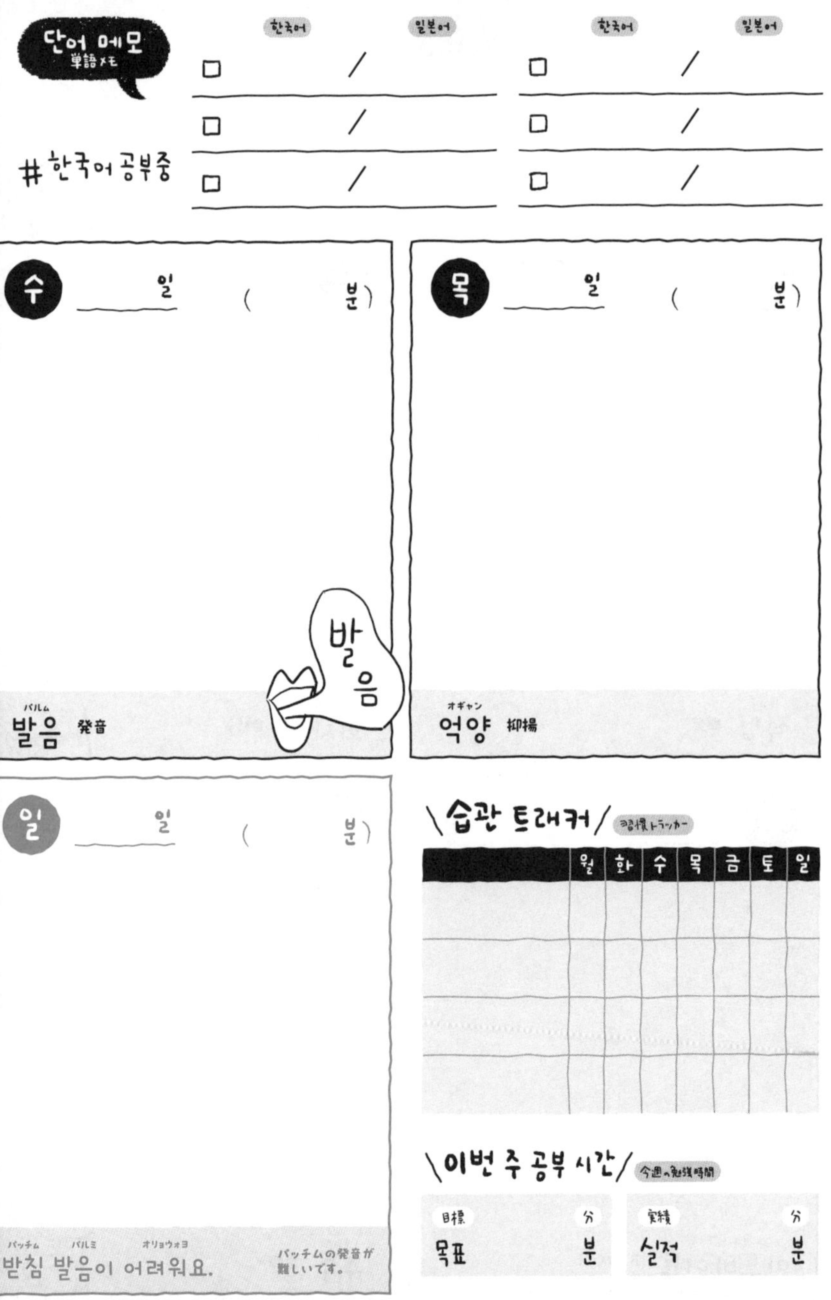

단어 메모
単語メモ
한국어
일본어
한국어
일본어
#한국어 공부중
수
일
분
목
일
분
발음
バルム
발음 発音
オギャン
억양 抑揚
일
일
분
バッチム
バルミ
オリョウォヨ
받침 발음이 어려워요.
バッチムの発音が
難しいです。
습관 트래커
習慣トラッカー
월
화
수
목
금
토
일
이번 주 공부 시간
今週の勉強時間
目標
分
목표
분
実績
分
실적
분

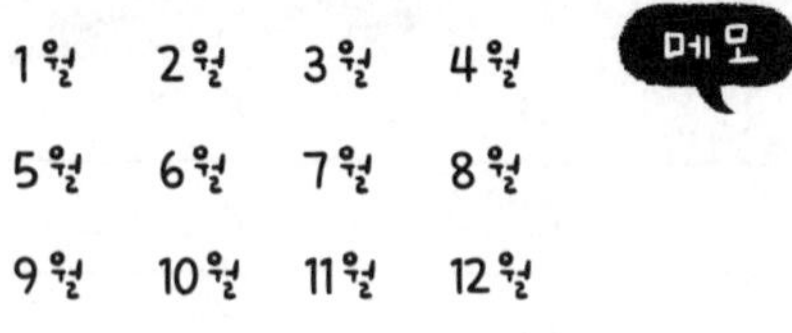
1월 2월 3월 4월
5월 6월 7월 8월
9월 10월 11월 12월
메모

월
일
공부 시간
分
(분)
チゴッ
직업 職業

화
일
(분)
フェサウォン
회사원 会社員

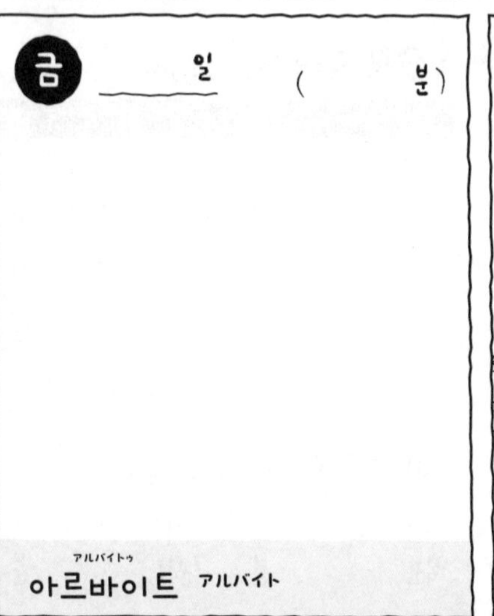
금
일
(분)
アルバイトゥ
아르바이트 アルバイト

토
일
(분)
チュブ
주부 主婦

단어 메모
単語メモ

한국어	일본어	한국어	일본어
□	/	□	/
□	/	□	/
□	/	□	/

수 ____ 일 (분)

コンムウォン
공무원 公務員

목 ____ 일 (분)

チャヨンオプ
자영업 自営業

일 ____ 일 (분)

チョヌン フェサウォニエヨ
저는 회사원이에요. 私は会社員です。

습관 트래커 習慣トラッカー

	월	화	수	목	금	토	일

이번 주 공부 시간 今週の勉強時間

目標 목표 分 분

実績 실적 分 분

1월 2월 3월 4월

5월 6월 7월 8월

9월 10월 11월 12월

메모

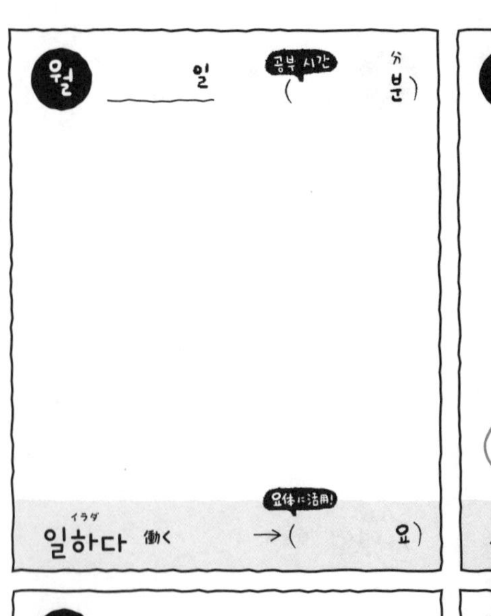

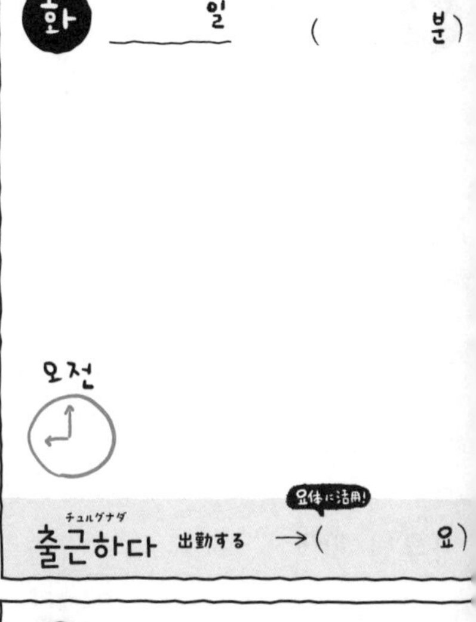

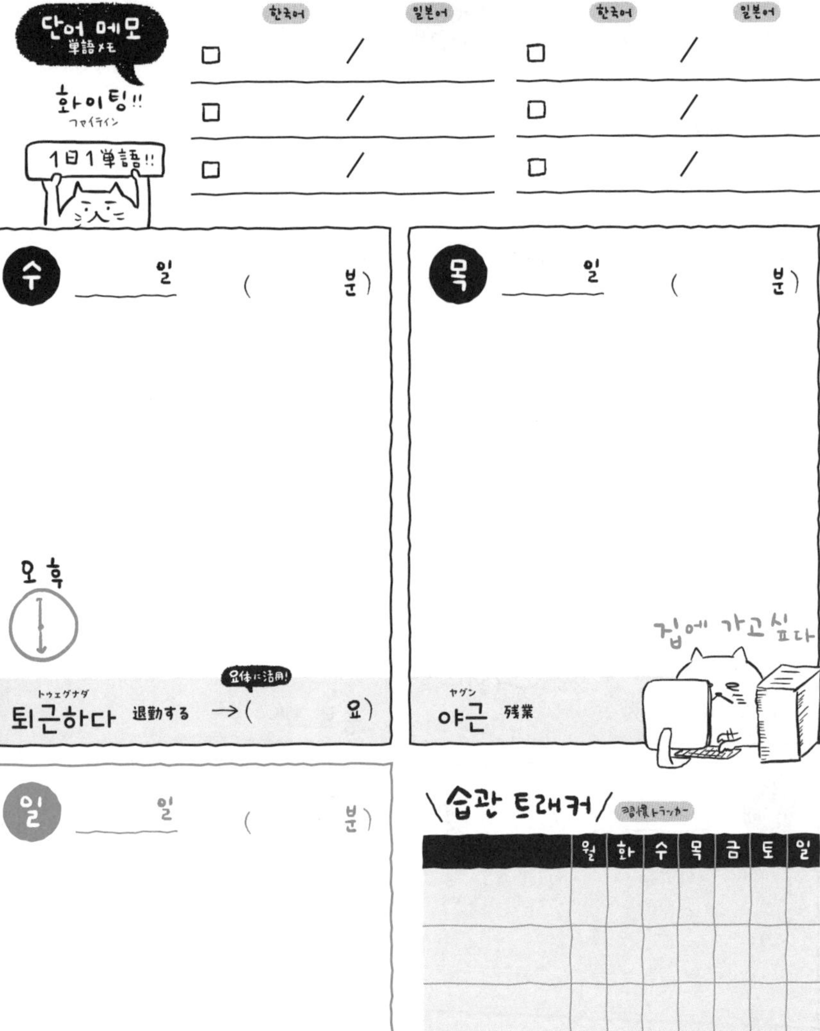

オヌルン テイトゥニッカ カルトゥェグン

오늘은 데이트니까 칼퇴근! 今日はデートだから定時退社!

이번 주 공부 시간

今週の勉強時間

目標	分	実績	分
목표	분	실적	분

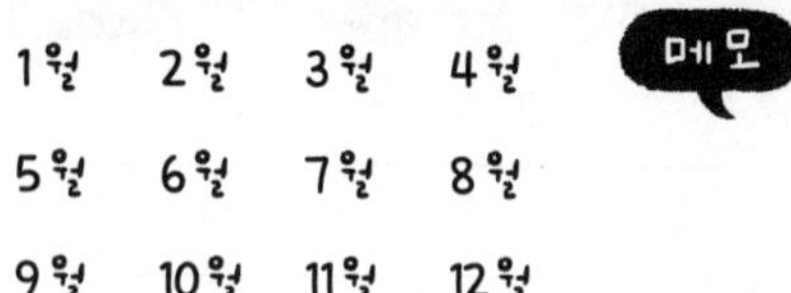
1월 2월 3월 4월
5월 6월 7월 8월
9월 10월 11월 12월
메모

월 일
공부 시간
(分 분)
월급
ウォルグプ
월급 給料
화 일 (분)
トンニョ
동료 同僚

금 일 (분)
フェイ
회의 会議

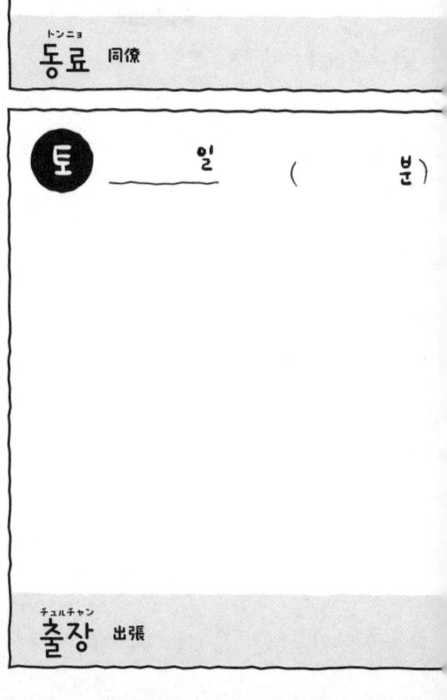
토 일 (분)
チュルチャン
출장 出張

일 일 (분)

セシエ フェイガ イッソヨ
3시에 회의가 있어요. 3時に会議があります。

\습관 트래커/ 習慣トラッカー

	월	화	수	목	금	토	일

\이번 주 공부 시간/ 今週の勉強時間

目標 分	実績 分
목표 분	실적 분

1월 2월 3월 4월

5월 6월 7월 8월

9월 10월 11월 12월

메모

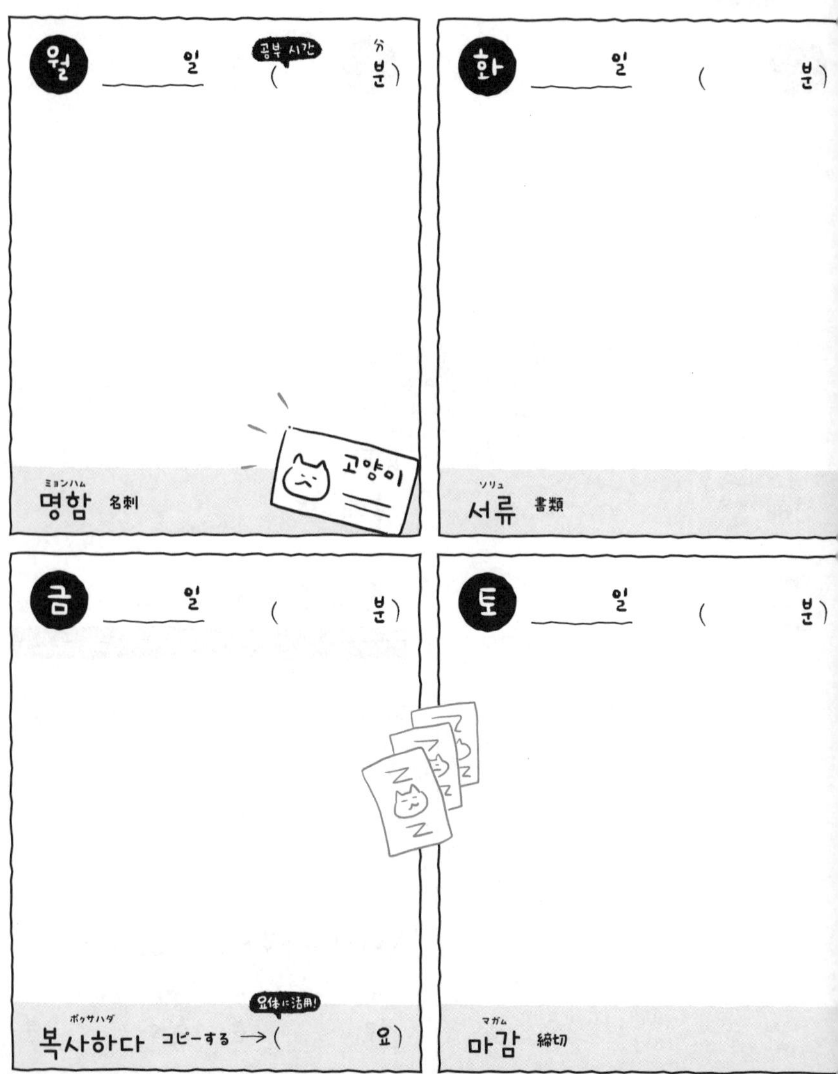

단어 메모
単語メモ

한국어		일본어	한국어		일본어
□	/		□	/	
□	/		□	/	
□	/		□	/	

수 ___일 (분)

자료 (チャリョ) 資料

목 ___일 (분)

계약서 (ケヤッソ) 契約書

일 ___일 (분)

마감은 (マガムン) 다음 (タウム) 주예요. (チュエヨ) 締切は来週です。

\습관 트래커/ 習慣トラッカー

	월	화	수	목	금	토	일

\이번 주 공부 시간/ 今週の勉強時間

目標 목표 分 분

実績 실적 分 분

1월 2월 3월 4월

5월 6월 7월 8월

9월 10월 11월 12월

메모

단어 메모
単語メモ

ねる2時間前にインプット☆

흠 흠

한국어	일본어	한국어	일본어
☐	/	☐	/
☐	/	☐	/
☐	/	☐	/

수 ____ 일 (분)

여러분~

라이브 방송 ライブ配信

목 ____ 일 (분)

셀카 自撮り

일 ____ 일 (분)

인스타에 동영상을 올렸어요. インスタに動画を上げました。

\습관 트래커/ 習慣トラッカー

	월	화	수	목	금	토	일

\이번 주 공부 시간/ 今週の勉強時間

目標 목표 分 분

実績 실적 分 분

1월 2월 3월 4월

5월 6월 7월 8월

9월 10월 11월 12월

월 ＿＿＿ 일　공부 시간 （　　　분）

계정 アカウント

화 ＿＿＿ 일　（　　　분）

팔로우 フォロー

금 ＿＿＿ 일　（　　　분）

검색 検索

토 ＿＿＿ 일　（　　　분）

#한국어 공부중

#한국어 공부

해시태그 ハッシュタグ

메모

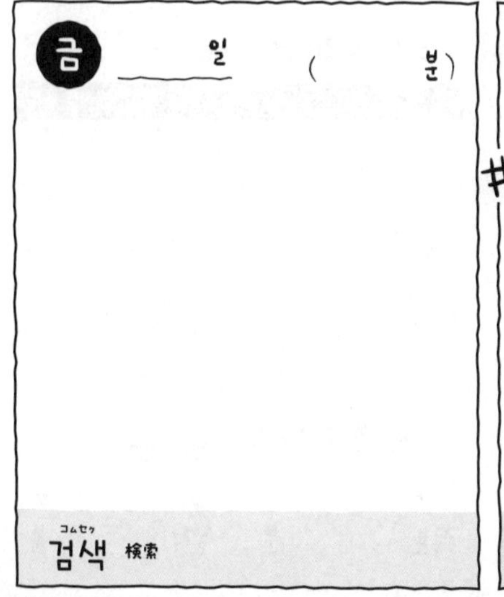

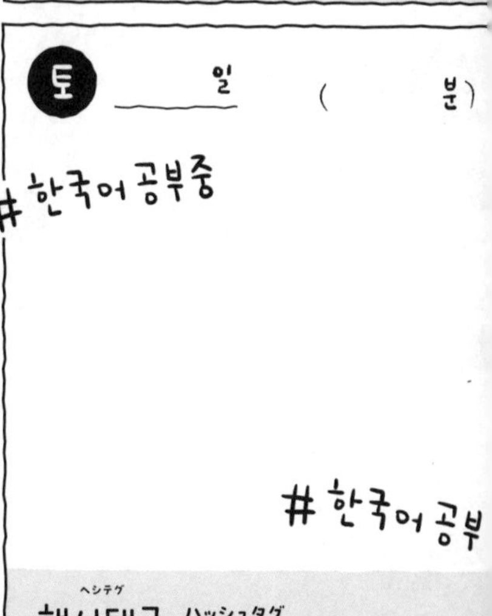

일 ____ 일 (분)

バルロウォガ ヌロッソヨ
팔로워가 늘었어요! フォロワーが増えました!

\습관 트래커/ 習慣トラッカー

	월	화	수	목	금	토	일

\이번 주 공부 시간/ 今週の勉強時間

目標 分
목표 분

実績 分
실적 분

1월 2월 3월 4월

5월 6월 7월 8월

9월 10월 11월 12월

메모

월 ＿＿＿ 일 공부 시간 (分 분)

オルリダ
올리다 アップする →(요) 요体に活用!

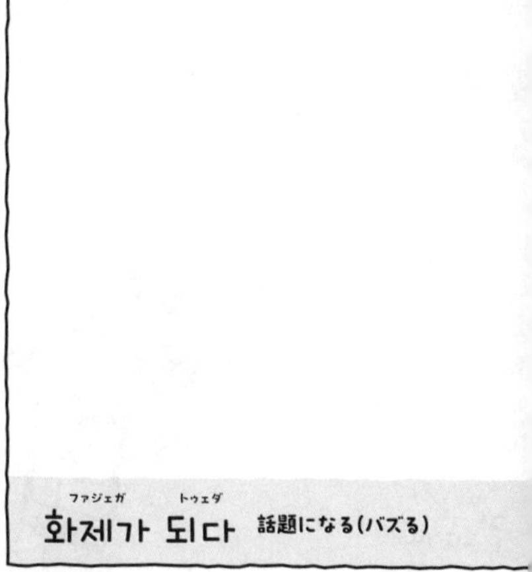
화 ＿＿＿ 일 (분)

ファジェガ トゥェダ
화제가 되다 話題になる(バズる)

금 ＿＿＿ 일 (분)

ピョンジパダ
편집하다 編集する →(요) 요体に活用!

토 ＿＿＿ 일 (분)

ヨルラカダ
연락하다 連絡する →(요) 요体に活用!

단어 메모
単語メモ

한국어	일본어	한국어	일본어
☐	/	☐	/
☐	/	☐	/
☐	/	☐	/

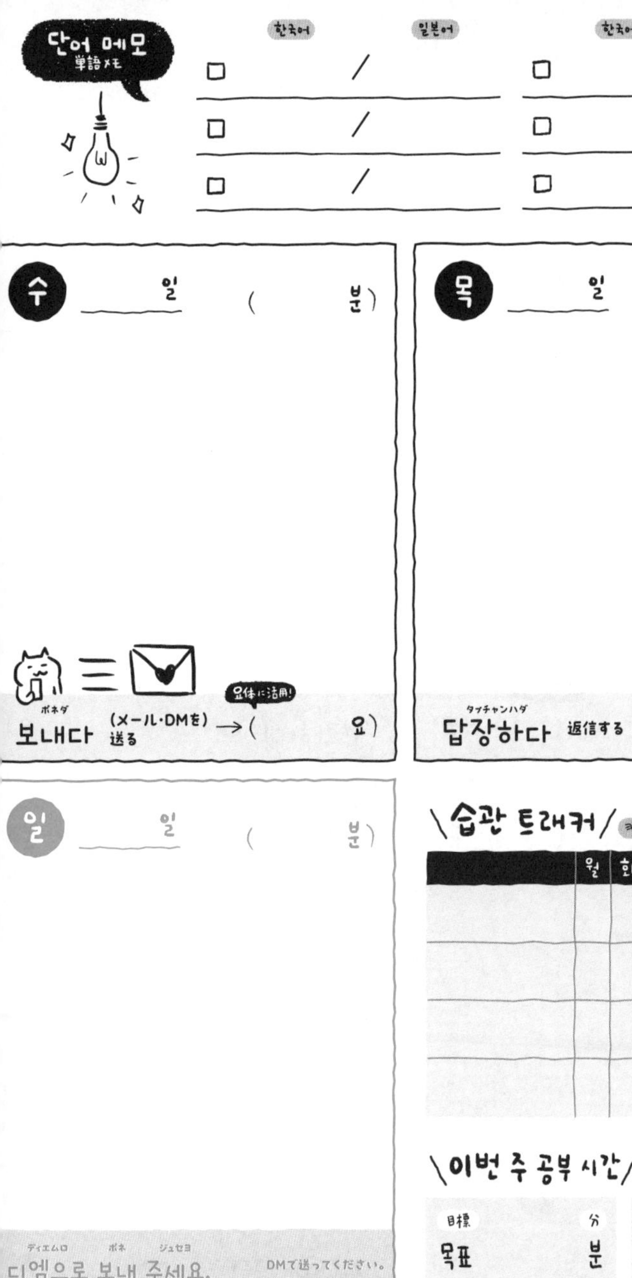

수 ____일 (분)

ボネダ
보내다 (メール・DMを)送る → (요)
요体に活用!

목 ____일 (분)

답장~

タプチャンハダ
답장하다 返信する → (요)
요体に活用!

일 ____일 (분)

ディエムロ ボネ ジュセヨ
디엠으로 보내 주세요. DMで送ってください。

\습관 트래커/ 習慣トラッカー

	월	화	수	목	금	토	일

\이번 주 공부 시간/ 今週の勉強時間

目標 목표 分 분

実績 실적 分 분

1월 2월 3월 4월
5월 6월 7월 8월
9월 10월 11월 12월

메모

월
일
공부 시간
(分 분)
요体に活用!
マンナダ
만나다 会う →(요)

화
일
(분)
나야~나
チョヌァハダ
전화하다 電話する →(요)

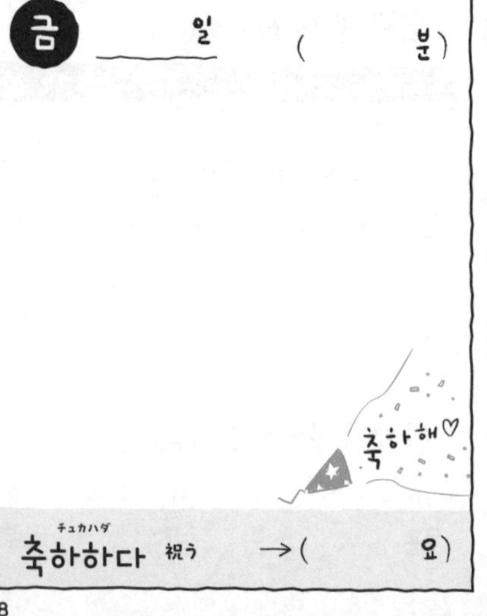

금
일
(분)
축하해♡
チュカハダ
축하하다 祝う →(요)

일 ____ 일 (분)

チャル チネッソヨ
잘 지냈어요? お元気でしたか?

\습관 트래커/ 習慣トラッカー

	월	화	수	목	금	토	일

\이번 주 공부 시간/ 今週の勉強時間

目標 목표 분 (分)

実績 실적 분 (分)

あの～！
やる気は待っても出て来ませんよ！
やる気
待ち→

やる気にはスイッチがあります。

そのスイッチとは、動くこと！

脳は体が動くことでやる気を出す仕組みだとか。

とりあえず、手を動かしてみて～

1월 2월 3월 4월
5월 6월 7월 8월
9월 10월 11월 12월

메모

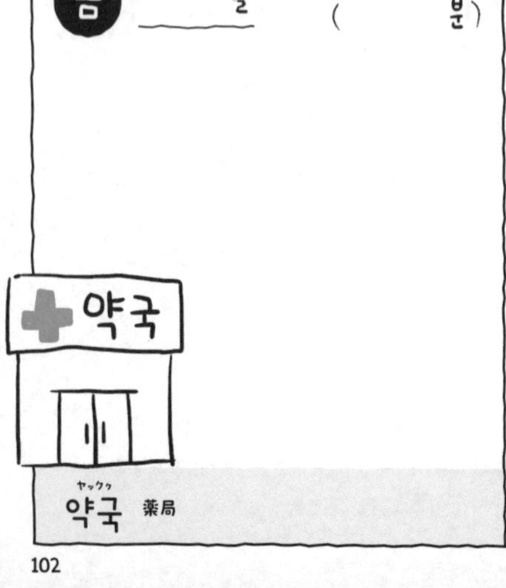

단어 메모
単語メモ
単語は書いて定着!!
한국어
일본어
한국어
일본어
수
일
분
시장
シジャン
市場
목
일
분
병원
ピョンウォン
病院
일
일
분
편의점에서 디저트를 샀어요.
ピョニジョメソ ティジョトゥルル サッソヨ
コンビニでスイーツを買いました。
습관 트래커
習慣トラッカー
월 화 수 목 금 토 일
이번 주 공부 시간
今週の勉強時間
目標
목표
分
분
実績
실적
分
분

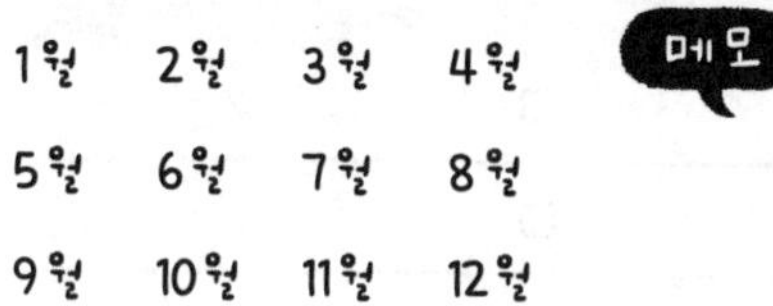
1월 2월 3월 4월
5월 6월 7월 8월
9월 10월 11월 12월
메모

월
일
공부 시간
(分 분)
ヨク
역 駅

화
일
(분)
ボス チョンニュジャン
버스 정류장 バス停

금
일
(분)
커피
カペ
카페 カフェ

토
일
(분)
シクタン
식당 食堂

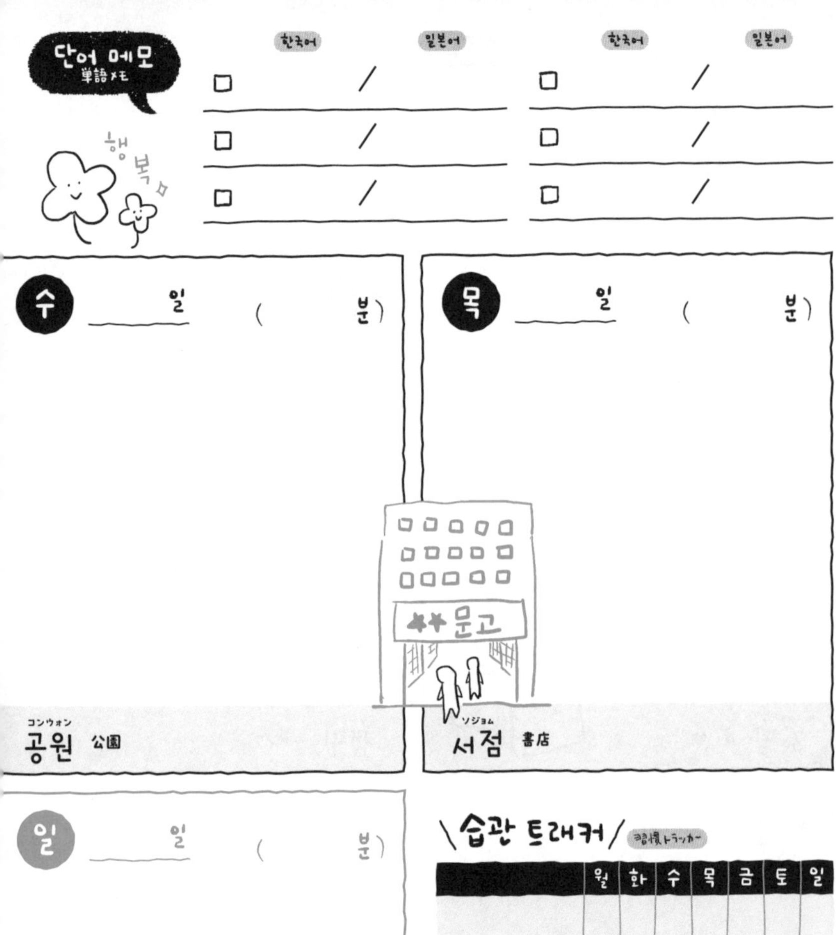

일 일 (분)

カペ トゥオガ チュイミエヨ
카페 투어가 취미예요. カフェ巡りが趣味です。

습관 트래커 習慣トラッカー

	월	화	수	목	금	토	일

이번 주 공부 시간 今週の勉強時間

目標 分
목표 분

実績 分
실적 분

1월 2월 3월 4월

5월 6월 7월 8월

9월 10월 11월 12월

메모

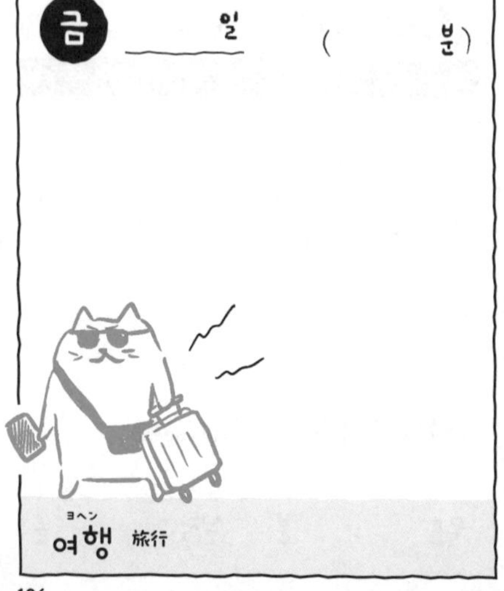

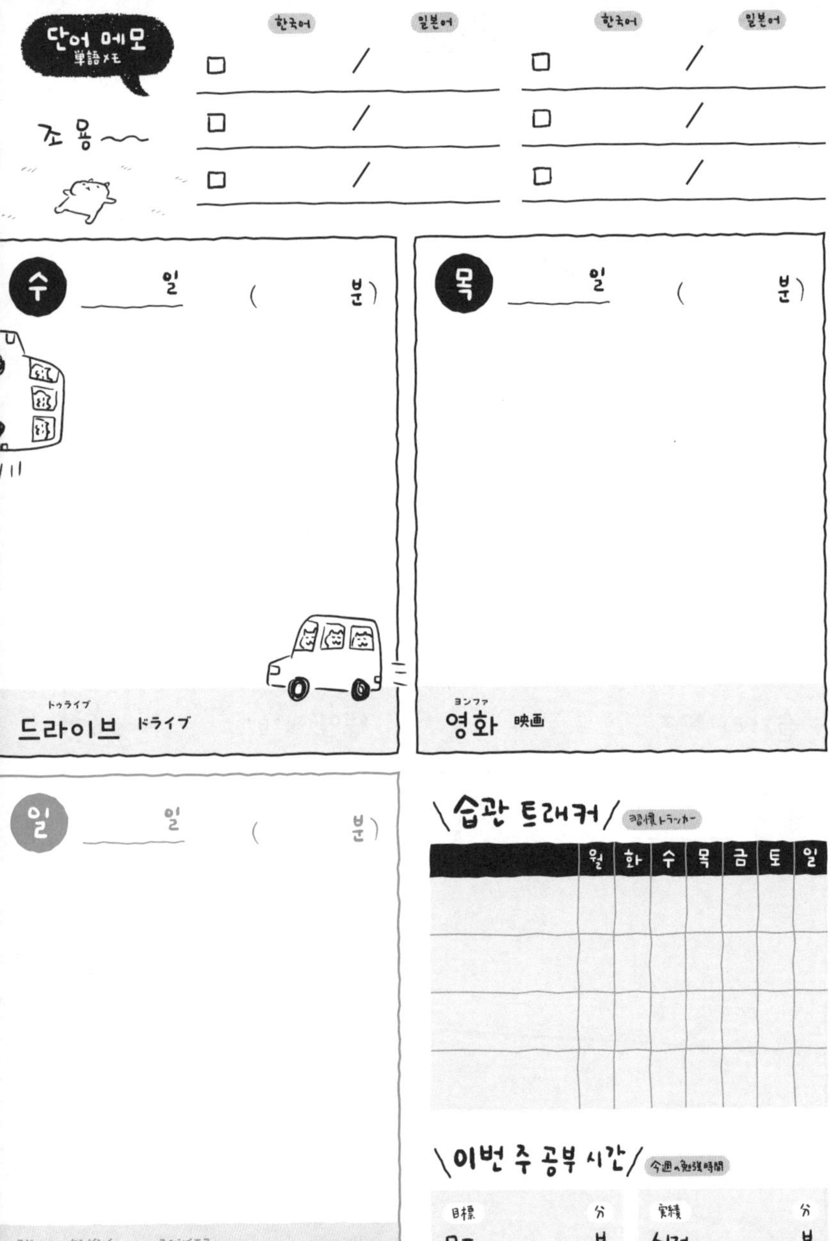
단어 메모
単語メモ
한국어
일본어
한국어
일본어
조용~~
수
일
분
목
일
분
トゥライブ
드라이브 ドライブ
ヨンファ
영화 映画
일
일
분
ヨジュム ケンピンイ ユヘンイエヨ
요즘 캠핑이 유행이에요.
最近キャンプが流行っています。
습관 트래커
習慣トラッカー
월
화
수
목
금
토
일
이번 주 공부 시간
今週の勉強時間
目標
목표
分
분
実績
실적
分
분

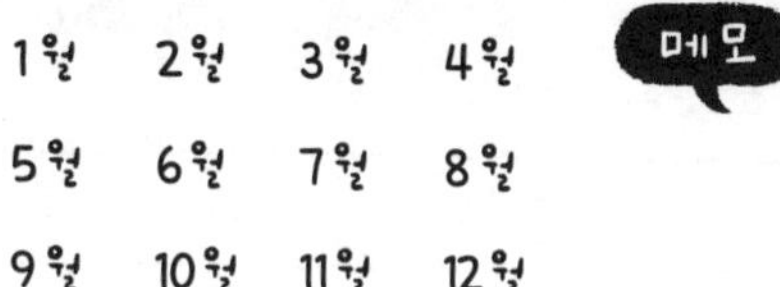
1월 2월 3월 4월
5월 6월 7월 8월
9월 10월 11월 12월
메모

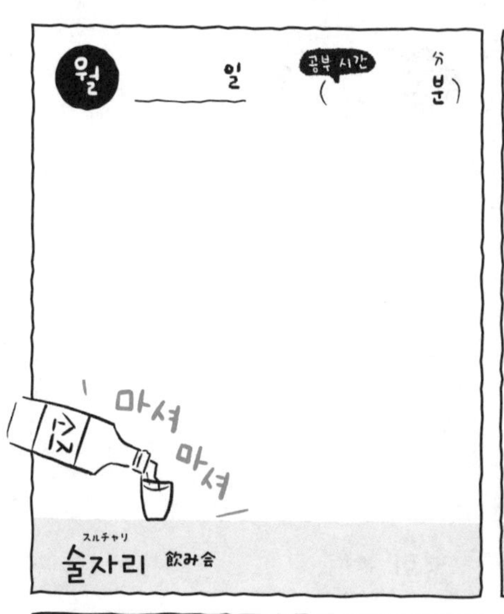
월
일
공부 시간
(分 분)
마셔 마셔
스ルチャリ
술자리 飲み会

화
일
(분)
생일 축하해요
センイル
생일 誕生日

금
일
(분)
パティ
파티 パーティー

토
일
(분)
モイム
모임 集まり

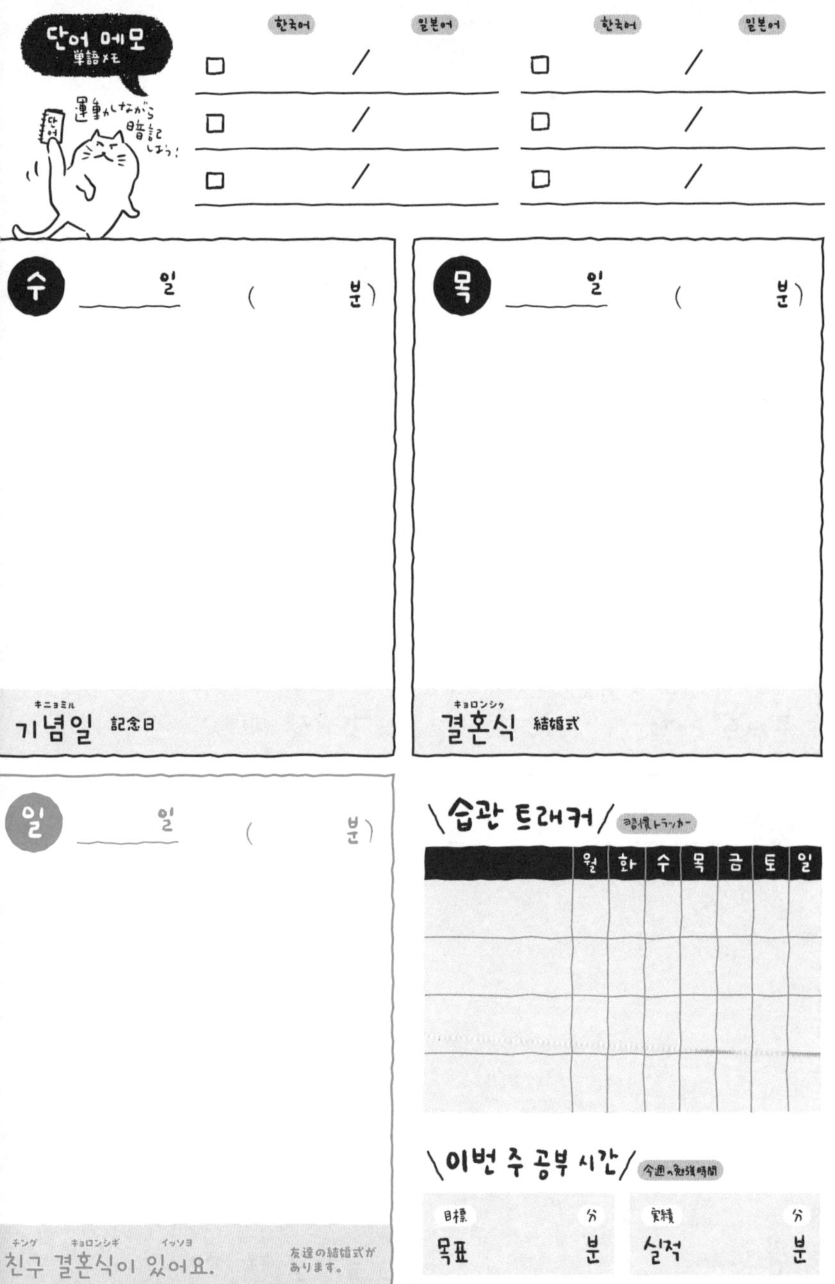
단어 메모
単語メモ
단어
運動しながら暗記しよう!
한국어
일본어
한국어
일본어
수
일
(분)
목
일
(분)
キニョミル
기념일 記念日
キョロンシク
결혼식 結婚式
일
일
(분)
습관 트래커
習慣トラッカー
월 화 수 목 금 토 일
이번 주 공부 시간
今週の勉強時間
目標 分
목표 분
実績 分
실적 분
チング キョロンシギ イッソヨ
친구 결혼식이 있어요.
友達の結婚式があります。

1월 2월 3월 4월

5월 6월 7월 8월

9월 10월 11월 12월

메모

월 ____ 일 공부 시간 (分 분)

コンソトゥ
콘서트 コンサート

화 ____ 일 (분)

キョンギジャン
경기장 競技場

금 ____ 일 (분)

ヨングゥ
연극 演劇

토 ____ 일 (분)

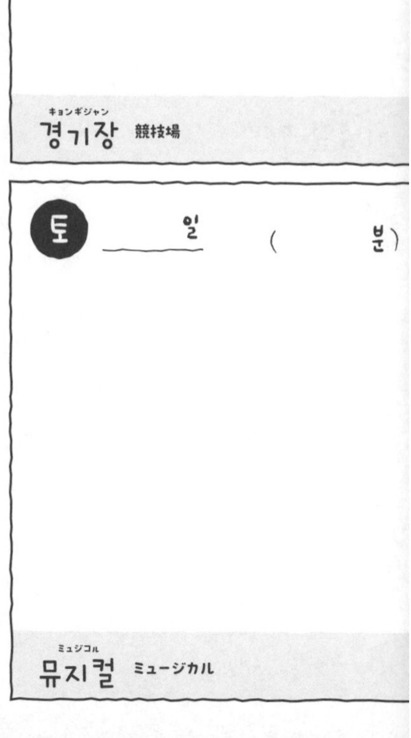

ミュジコル
뮤지컬 ミュージカル

단어 메모
単語メモ

한국어		일본어	한국어		일본어
□	/		□	/	
□	/		□	/	
□	/		□	/	

수 ＿＿＿ 일 （　　　분）

ペン　ミティン
팬 미팅　ファンミーティング

목 ＿＿＿ 일 （　　　분）

눈부셔~

ペン　サイヌェ
팬 사인회　ファンサイン会

일 ＿＿＿ 일 （　　　분）

ペン　ミティンエ　タンチョムドゥェッソヨ
팬 미팅에 당첨됐어요!　ファンミーティングに当たりました!

습관 트래커　習慣トラッカー

	월	화	수	목	금	토	일

이번 주 공부 시간　今週の勉強時間

目標 목표 　　分 분
実績 실적 　　分 분

1월 2월 3월 4월
5월 6월 7월 8월
9월 10월 11월 12월

메모

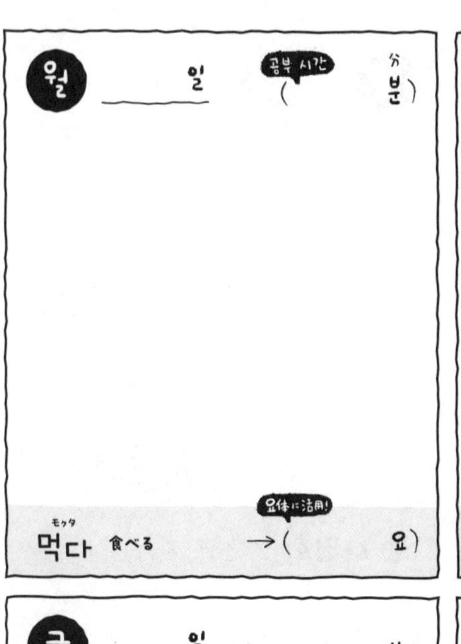

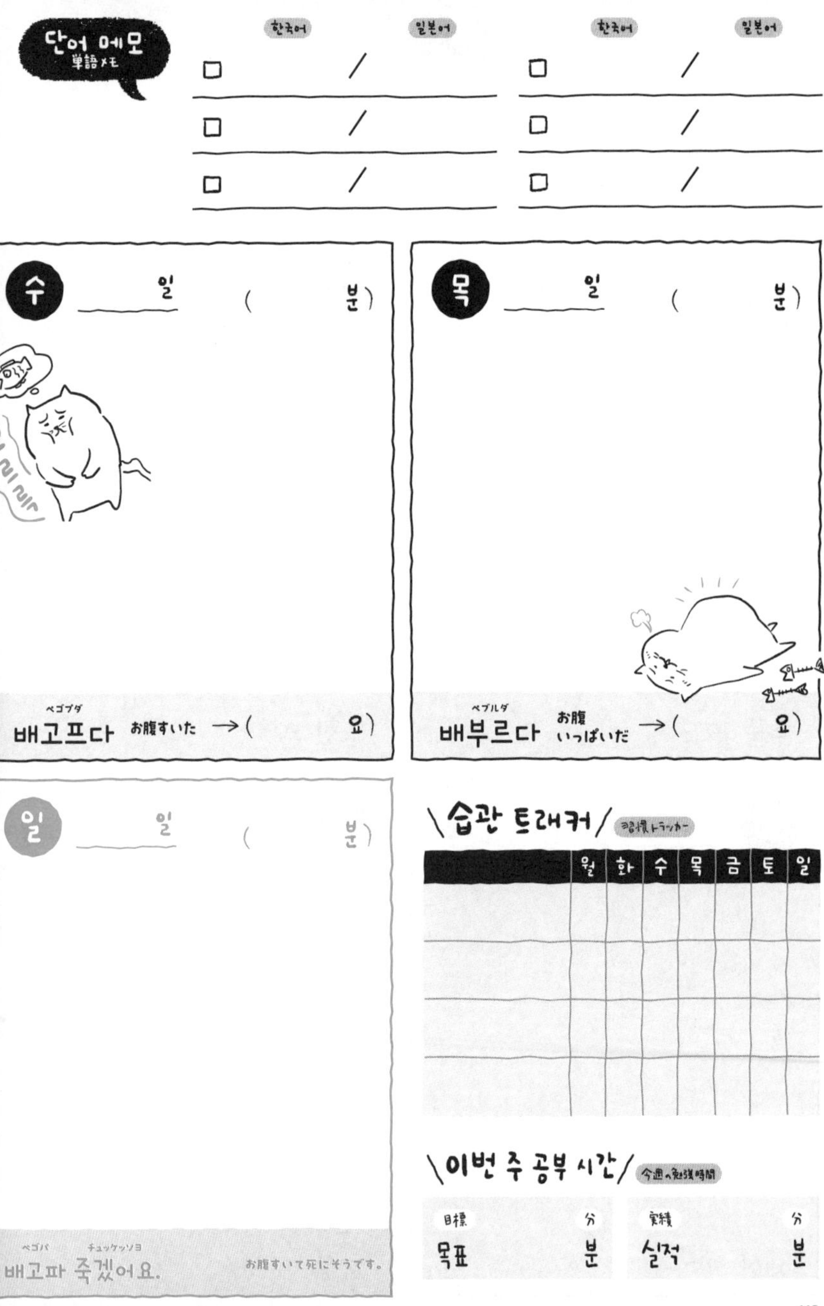

단어 메모
単語メモ
한국어
일본어
한국어
일본어
수
일
분
목
일
분
ベゴプダ
배고프다 お腹すいた →(요)
ベブルダ
배부르다 お腹いっぱいだ →(요)
일
일
분
ベゴパ チュッケッソヨ
배고파 죽겠어요. お腹すいて死にそうです。
습관 트래커
習慣トラッカー
월
화
수
목
금
토
일
이번 주 공부 시간
今週の勉強時間
目標
목표
分
분
実績
실적
分
분

1월 2월 3월 4월

5월 6월 7월 8월

9월 10월 11월 12월

메모

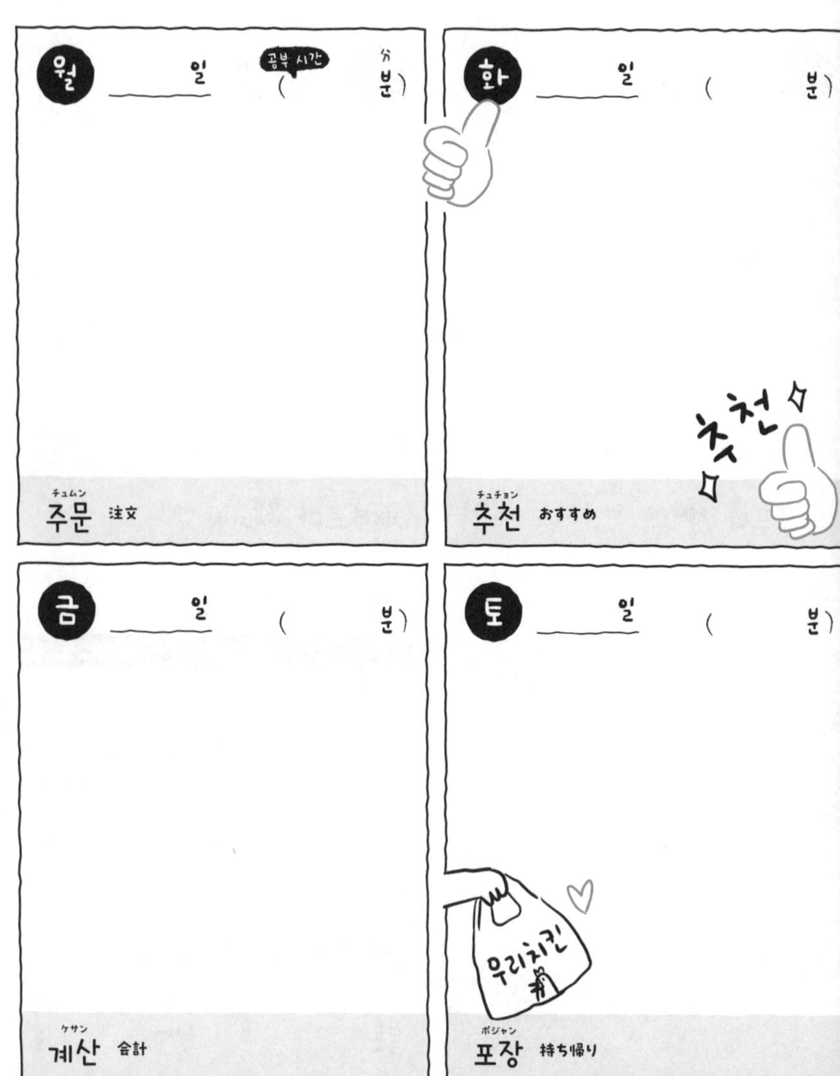

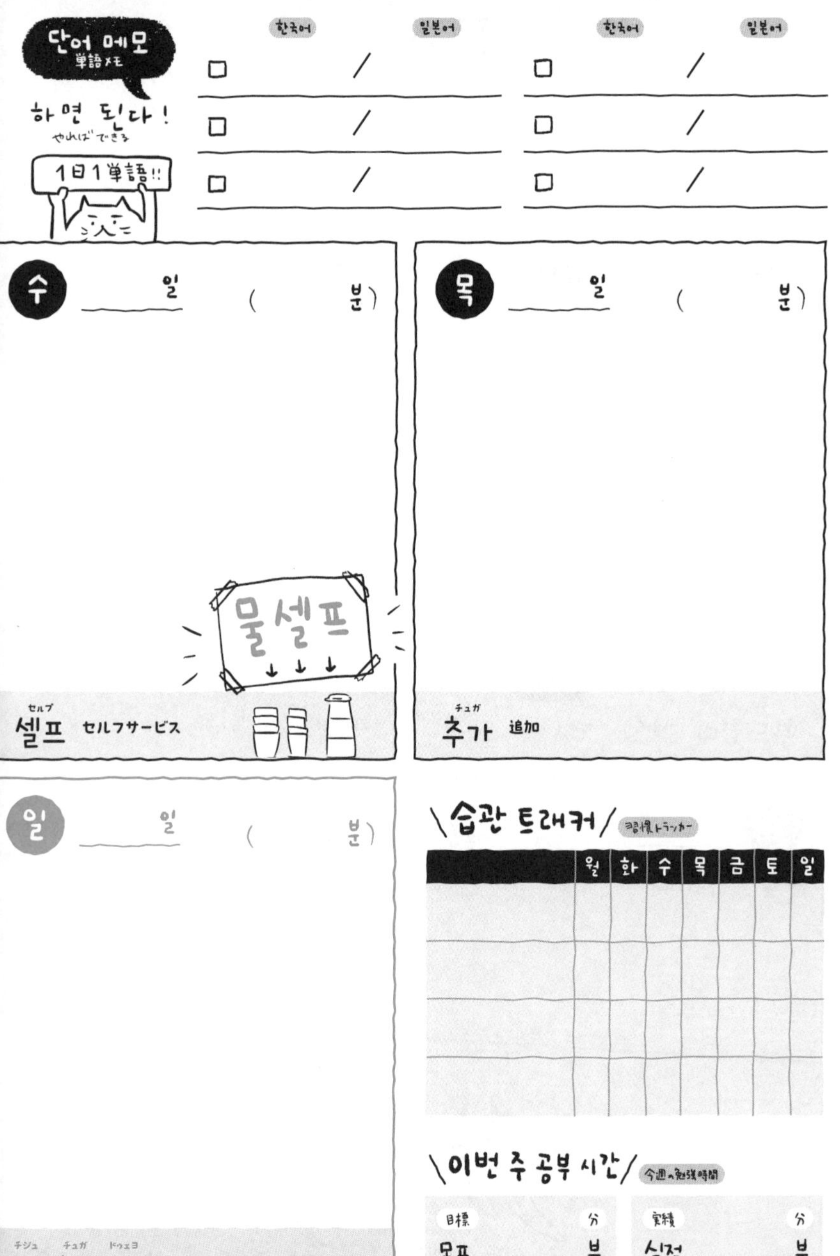

단어 메모
単語メモ
한국어
일본어
한국어
일본어
하면 된다!
やればできる
1日1単語!!
수
일
분
목
일
분
물셀프
セルフ
셀프 セルフサービス
チュガ
추가 追加
일
일
분
습관 트래커
習慣トラッカー
월
화
수
목
금
토
일
이번 주 공부 시간
今週の勉強時間
目標
分
목표
분
実績
分
실적
분
チジュ チュガ ドゥェヨ
치즈 추가 돼요?
チーズ追加できますか?

1월 2월 3월 4월

5월 6월 7월 8월

9월 10월 11월 12월

메모

월 ____일 공부 시간 (　　分 분)

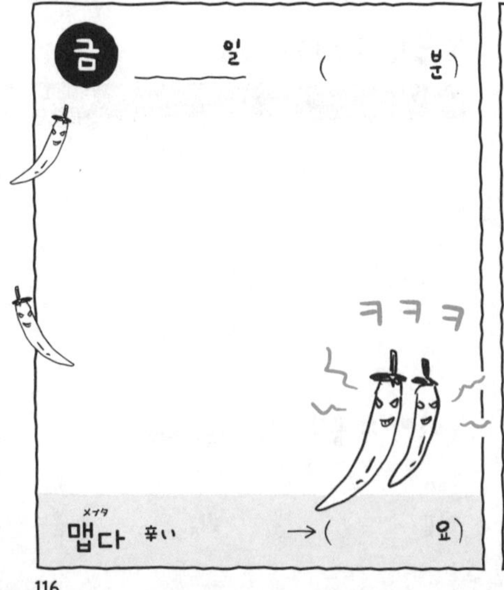

ブドゥロッタ
부드럽다 やわらかい →(요体に活用!　　요)

화 ____일 (　　분)

タッタカダ
딱딱하다 かたい →(　　요)

금 ____일 (　　분)

メプタ
맵다 辛い →(　　요)

토 ____일 (　　분)

ヌッキハダ
느끼하다 脂っこい→(　　요)

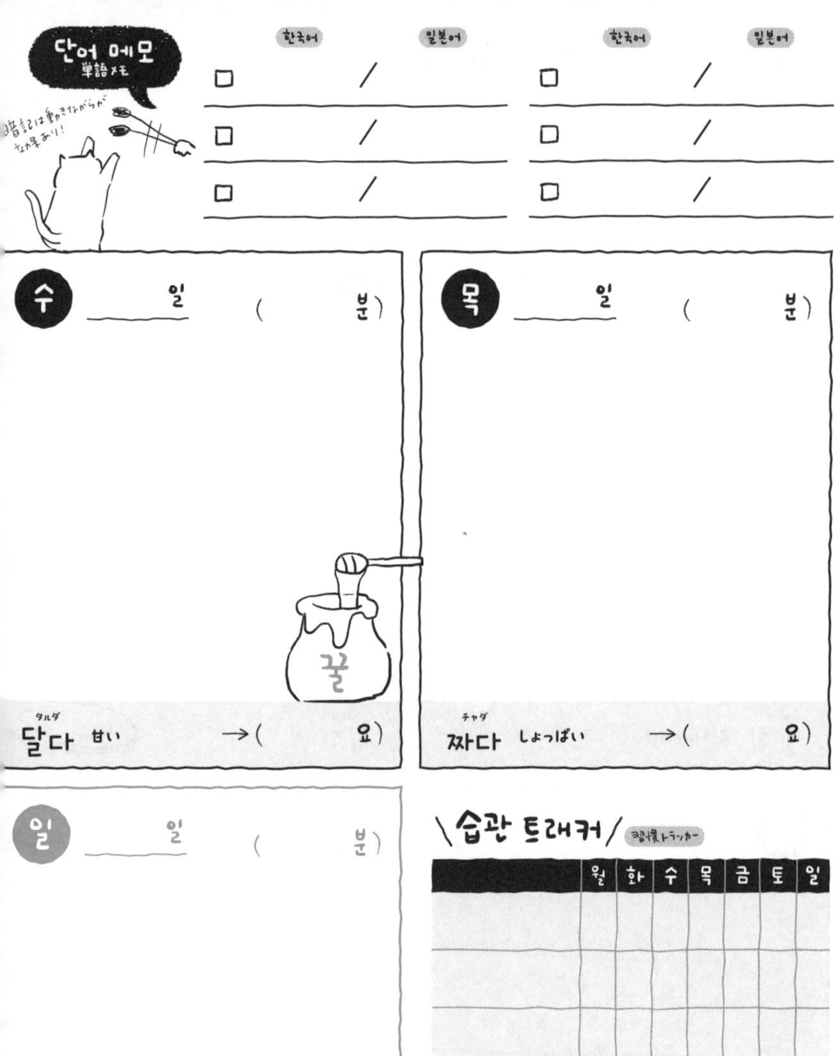

단어 메모
単語メモ
暗記は動きながらが効果あり!
한국어 / 일본어
한국어 / 일본어
수 일 (분)
목 일 (분)
꿀
タルダ
달다 甘い →(요)
チャダ
짜다 しょっぱい →(요)

일 일 (분)

ノム メウォソ モンモゴッソヨ
너무 매워서 못 먹었어요. 辛すぎて食べられませんでした。

\습관 트래커/ 習慣トラッカー

	월	화	수	목	금	토	일

\이번 주 공부 시간/ 今週の勉強時間

目標 목표 分 분

実績 실적 分 분

1월 2월 3월 4월

5월 6월 7월 8월

9월 10월 11월 12월

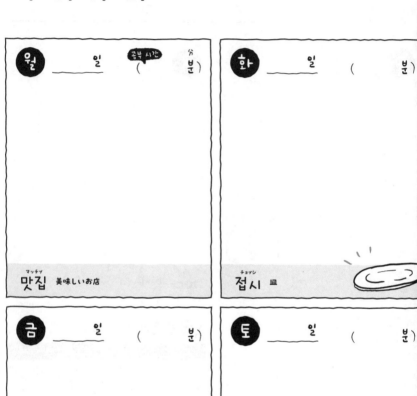

메모

월 ___일 공부 시간 (分 분)

マッチプ
맛집 美味しいお店

화 ___일 (분)

チョプシ
접시 皿

コプ
컵 コップ

アプチマ
앞치마 エプロン

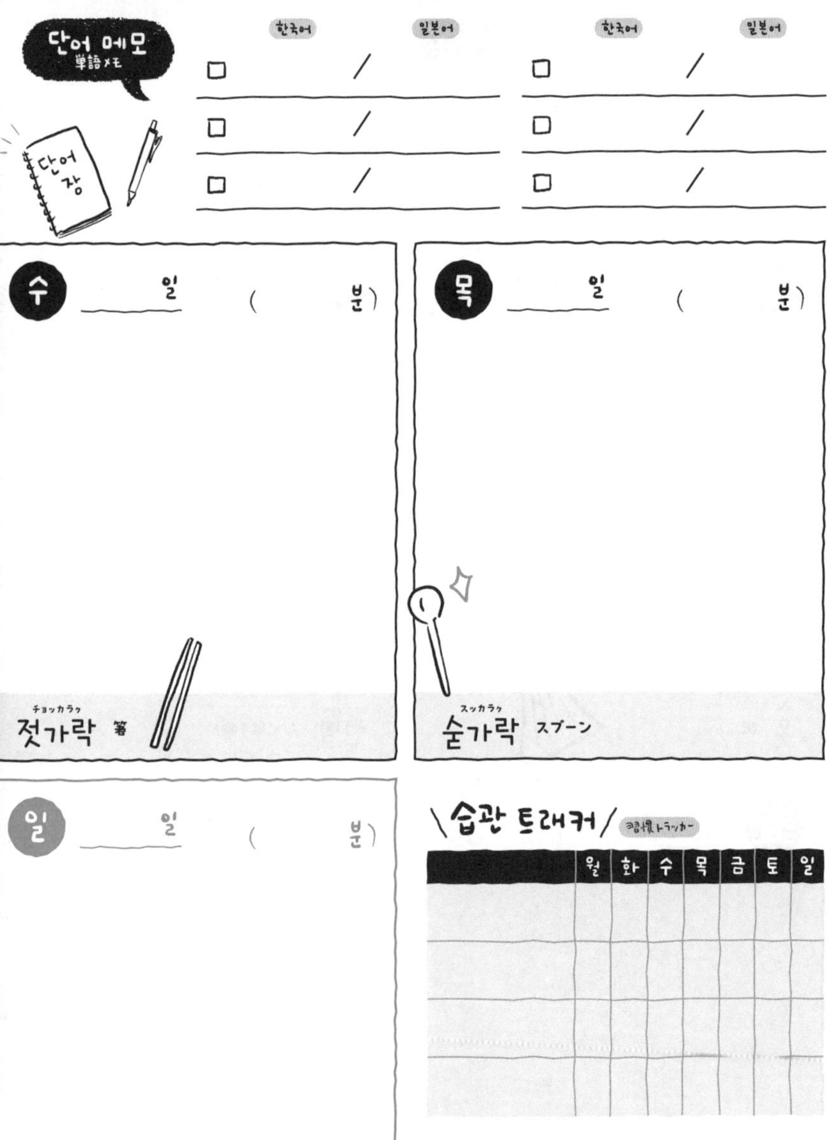
단어 메모
単語メモ
한국어
일본어
한국어
일본어
단어장
수
일
(분)
목
일
(분)
チョッカラク
젓가락 箸
スッカラク
숟가락 スプーン
일
일
(분)
습관 트래커
習慣トラッカー
월 화 수 목 금 토 일
이번 주 공부 시간
今週の勉強時間
目標
分
목표 분
実績
分
실적 분
クンチョエ マッチビ マナヨ
근처에 맛집이 많아요.
近所に美味しい店が多いです。

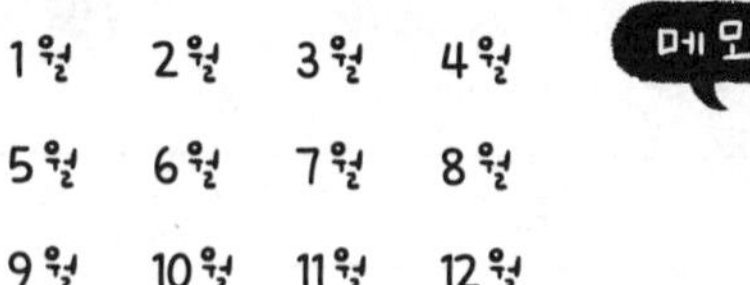
1월 2월 3월 4월
5월 6월 7월 8월
9월 10월 11월 12월
메모

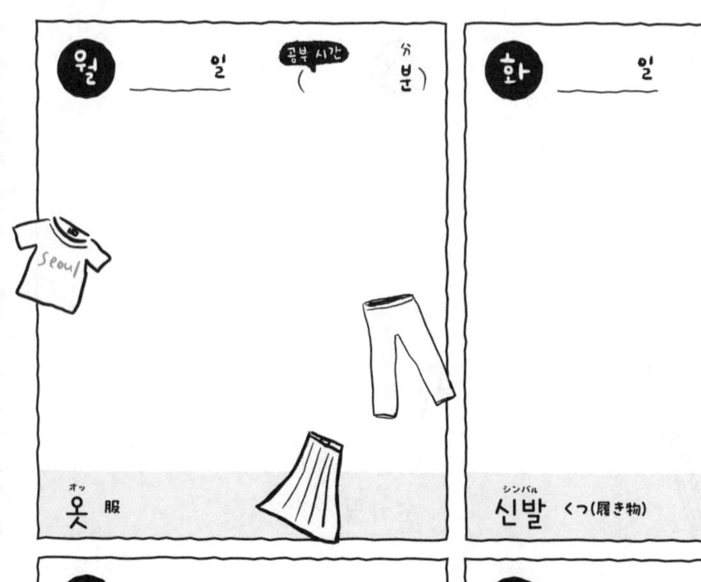
월
일
공부 시간
(分 분)
seoul
オッ
옷 服

화
일
(분)
シンバル
신발 くつ(履き物)

금
일
(분)
オウルリダ
어울리다 似合う

토 ＿＿＿ 일 (분)

サイジュ
사이즈 サイズ

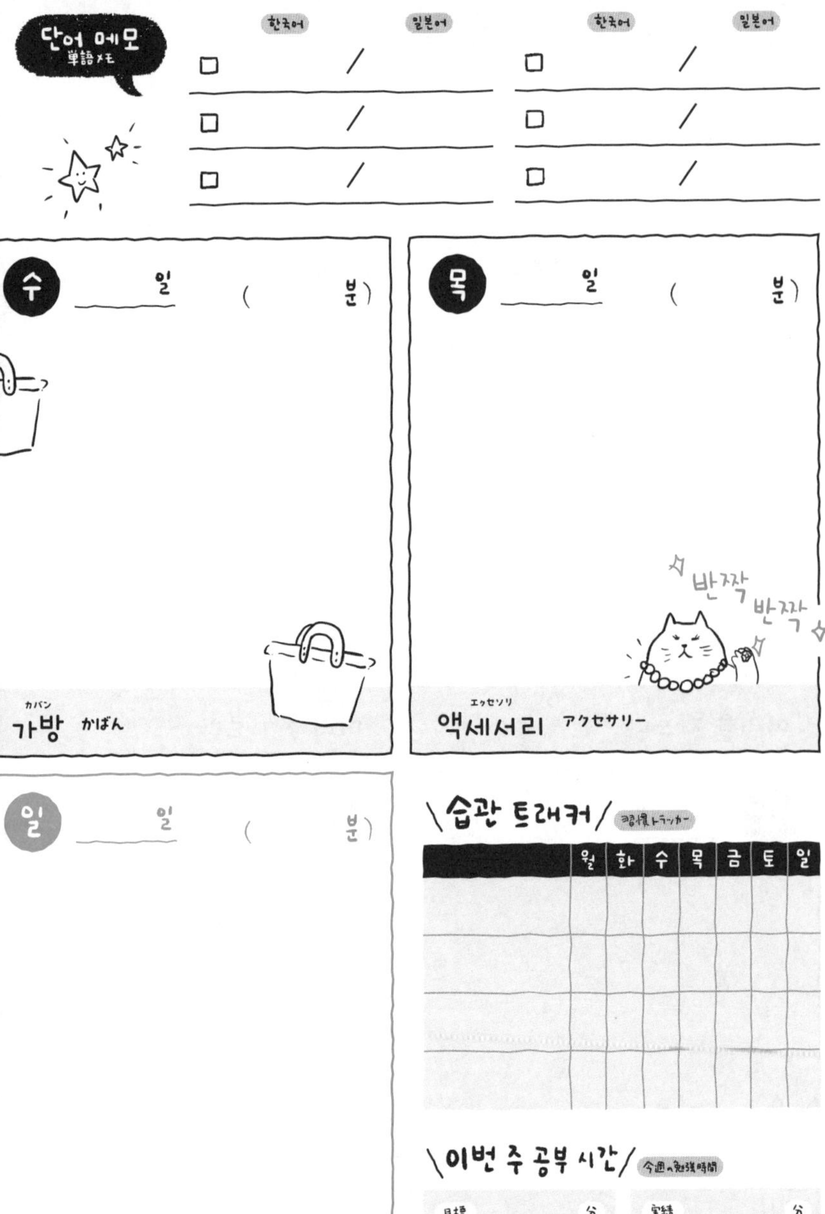
단어 메모
単語メモ
한국어
일본어
한국어
일본어
수
일
(
분)
목
일
(
분)
반짝
반짝
カバン
가방 かばん
エッセソリ
액세서리 アクセサリー
일
일
(
분)
マウメ トゥヌン ウォンピスエヨ
마음에 드는 원피스예요.
お気に入りのワンピースです。

습관 트래커 習慣トラッカー

	월	화	수	목	금	토	일

이번 주 공부 시간 今週の勉強時間

目標 목표	分 분	実績 실적	分 분

1월 2월 3월 4월
5월 6월 7월 8월
9월 10월 11월 12월

메모

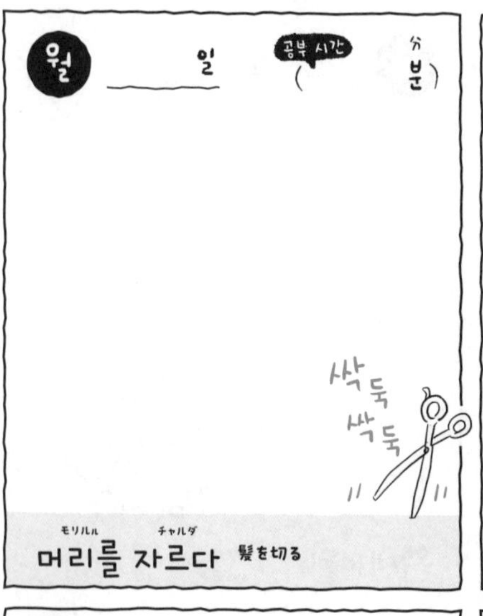

モリルル チャルダ
머리를 자르다 髪を切る

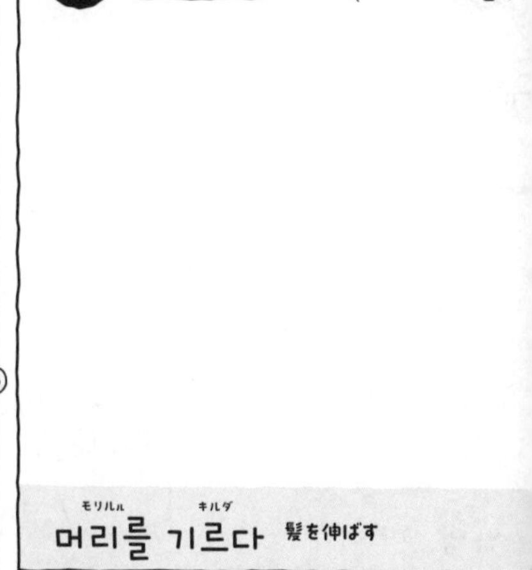

モリルル キルダ
머리를 기르다 髪を伸ばす

サリ パジダ
살이 빠지다 痩せる

タイオトゥ
다이어트 ダイエット

단어 메모
単語メモ
한국어
일본어
한국어
일본어
□ /
□ /
□ /
□ /
□ /
□ /
수
일
(분)
목
일
(분)
앞
머
리
?
アンモリ
앞머리 前髪
サリ チダ
살이 찌다 太る

일 일 (분)

タイオトゥルル ヘヤ ドゥェヨ
다이어트를 해야 돼요. ダイエットをしなければなりません。

습관 트래커 習慣トラッカー

	월	화	수	목	금	토	일

이번 주 공부 시간 今週の勉強時間

目標 목표 分 분

実績 실적 分 분

1월 2월 3월 4월
5월 6월 7월 8월
9월 10월 11월 12월

메모

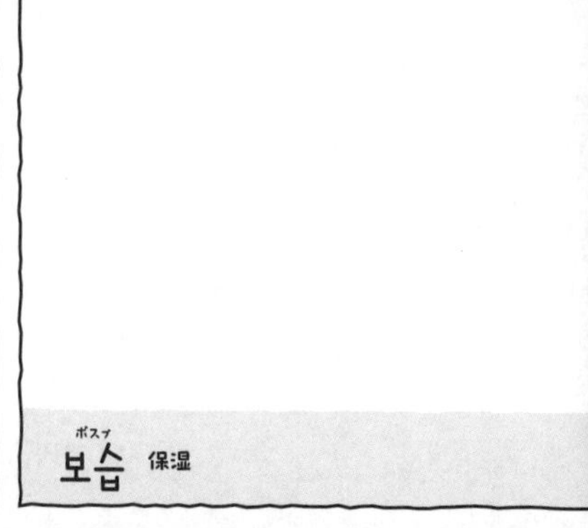

단어 메모
単語メモ

ねる2時間前にインプット♪

흠 흠

한국어	일본어	한국어	일본어
□	/	□	/
□	/	□	/
□	/	□	/

수 ＿＿일 (　　분)

ファジャンウル　チウダ
화장을 지우다 化粧を落とす

목 ＿＿일 (　　분)

チュルム
주름 シワ

일 ＿＿일 (　　분)

ミベゲ　ヒョクァガ　イッソヨ
미백에 효과가 있어요. 美白に効果があります。

\습관 트래커/ 習慣トラッカー

	월	화	수	목	금	토	일

\이번 주 공부 시간/ 今週の勉強時間

目標 목표 分 분

実績 실적 分 분

1월 2월 3월 4월
5월 6월 7월 8월
9월 10월 11월 12월

메모

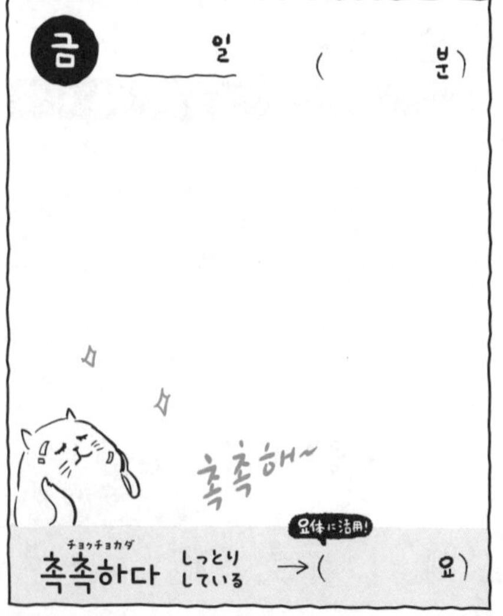

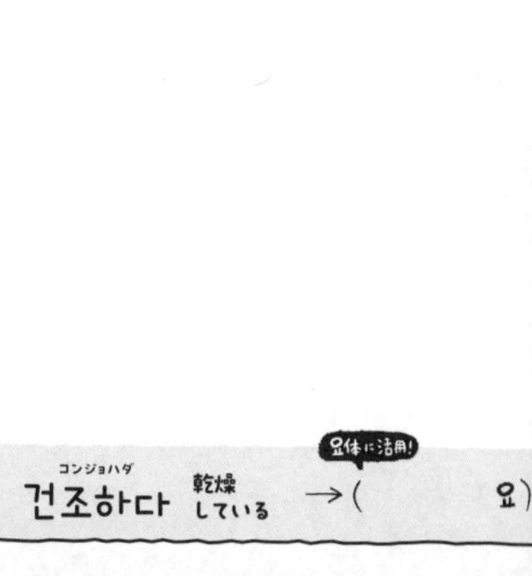

단어 메모
単語メモ
한국어
일본어
한국어
일본어
수
일
분
모공
モゴン
모공 毛穴
목
일
분
다크서클
タクソクル
다크서클 (目の下の)くま
일
일
분
ピブガ コンジョハン ピョニエヨ
피부가 건조한 편이에요.
肌が乾燥するタイプです。
습관 트래커
習慣トラッカー
월
화
수
목
금
토
일
이번 주 공부 시간
今週の勉強時間
目標
分
목표
분
実績
分
실적
분

最近の脳科学では、

記憶力は年齢と共に衰えることはないと言われています。

勉強しているけど結果が出ない時は、

勉強時間を増やしたり、やり方を変えたりしてみましょう。

自分の力を信じて！

1월 2월 3월 4월

5월 6월 7월 8월

9월 10월 11월 12월

메모

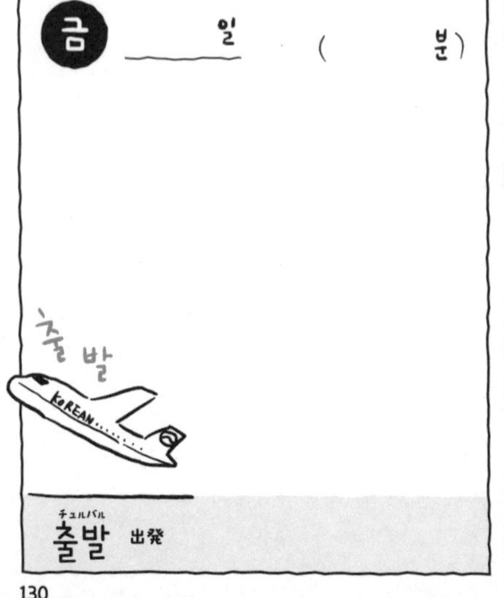

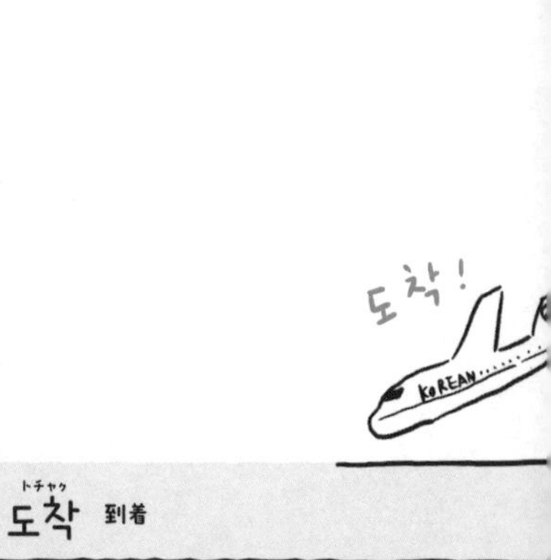

단어 메모
単語メモ

한국어	일본어	한국어	일본어
□	/	□	/
□	/	□	/
□	/	□	/

수 ____ 일 (분)

クッチェソン
국제선 国際線

목 ____ 일 (분)

クンネソン
국내선 国内線

일 ____ 일 (분)

インチョンゴンハンエ トチャケッソヨ
인천공항에 도착했어요. 仁川空港に到着しました。

\습관 트래커/ 習慣トラッカー

	월	화	수	목	금	토	일

\이번 주 공부 시간/ 今週の勉強時間

目標 分
목표 분

実績 分
실적 분

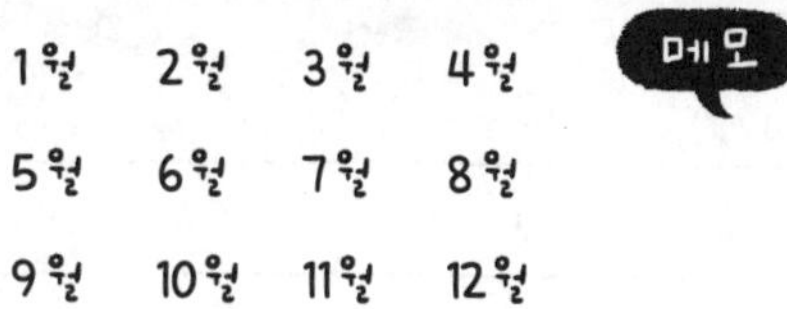

1월 2월 3월 4월 메모

5월 6월 7월 8월

9월 10월 11월 12월

월 ____ 일 공부 시간 (分 분)

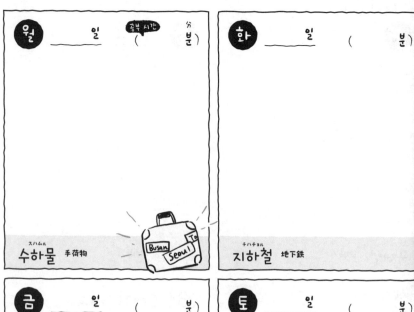

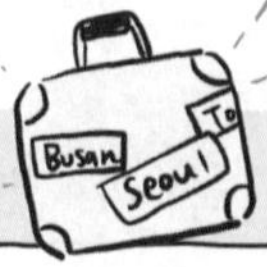

スハムル
수하물 手荷物

화 ____ 일 (분)

チハチョル
지하철 地下鉄

금 ____ 일 (분)

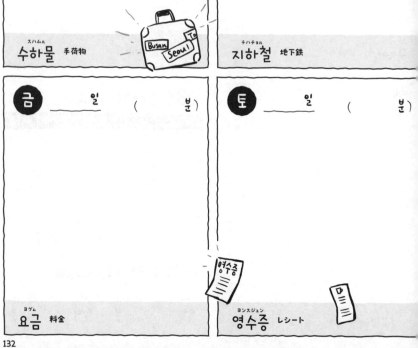

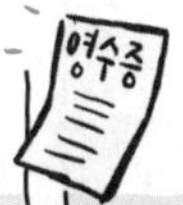

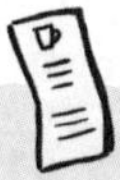

ヨグム
요금 料金

토 ____ 일 (분)

ヨンスジュン
영수증 レシート

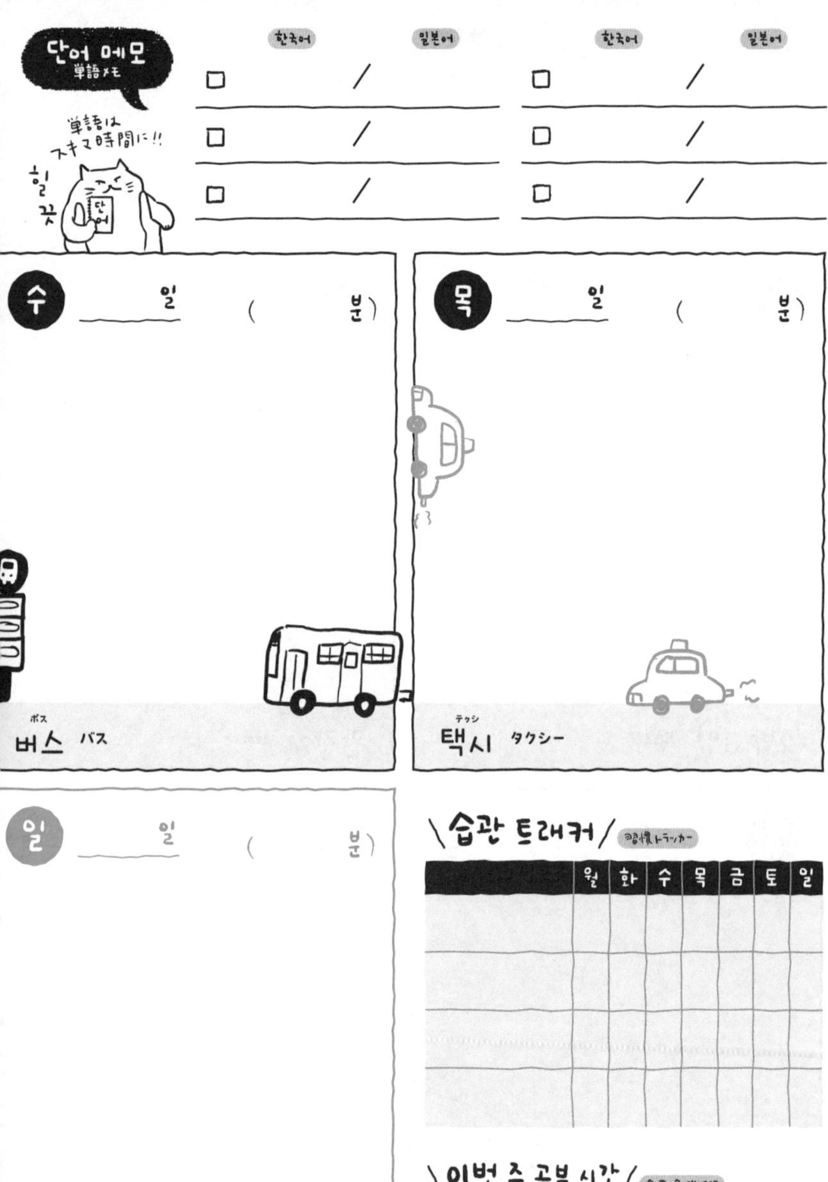

目標 分

목표 분

実績 分

실적 분

フェサッカジ ボスロ カヨ

회사까지 버스로 가요. 会社までバスで行きます。

1월 2월 3월 4월
5월 6월 7월 8월
9월 10월 11월 12월

메모

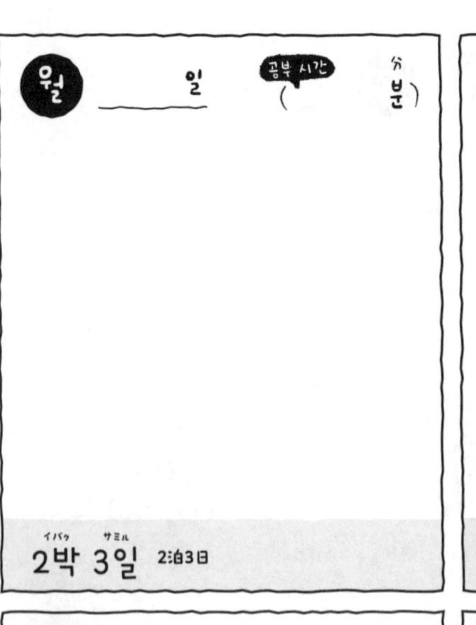

イバク サミル
2박 3일 2泊3日

クァングァンジ
관광지 観光地

モルダ
멀다 遠い
요体に活用!
→(　　요)

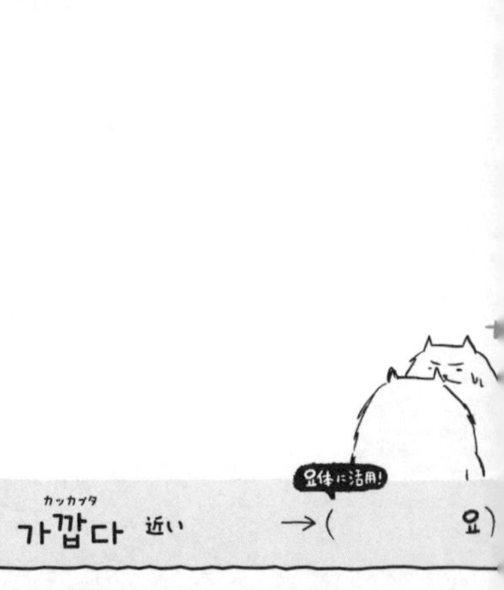

カッカプタ
가깝다 近い
요体に活用!
→(　　요)

단어 메모
単語メモ

	한국어		일본어		한국어		일본어
□		/		□		/	
□		/		□		/	
□		/		□		/	

수 ＿＿＿ 일 （　　　분）

지도（チド） 地図

목 ＿＿＿ 일 （　　　분）

지방（チバン） 地方

일 ＿＿＿ 일 （　　　분）

지방에（チバンエ） 살고（サルゴ） 있어요（イッソヨ）. 地方に住んでいます。

습관 트래커
習慣トラッカー

	월	화	수	목	금	토	일

이번 주 공부 시간
今週の勉強時間

目標	分	実績	分
목표	분	실적	분

1월 2월 3월 4월
5월 6월 7월 8월
9월 10월 11월 12월

메모

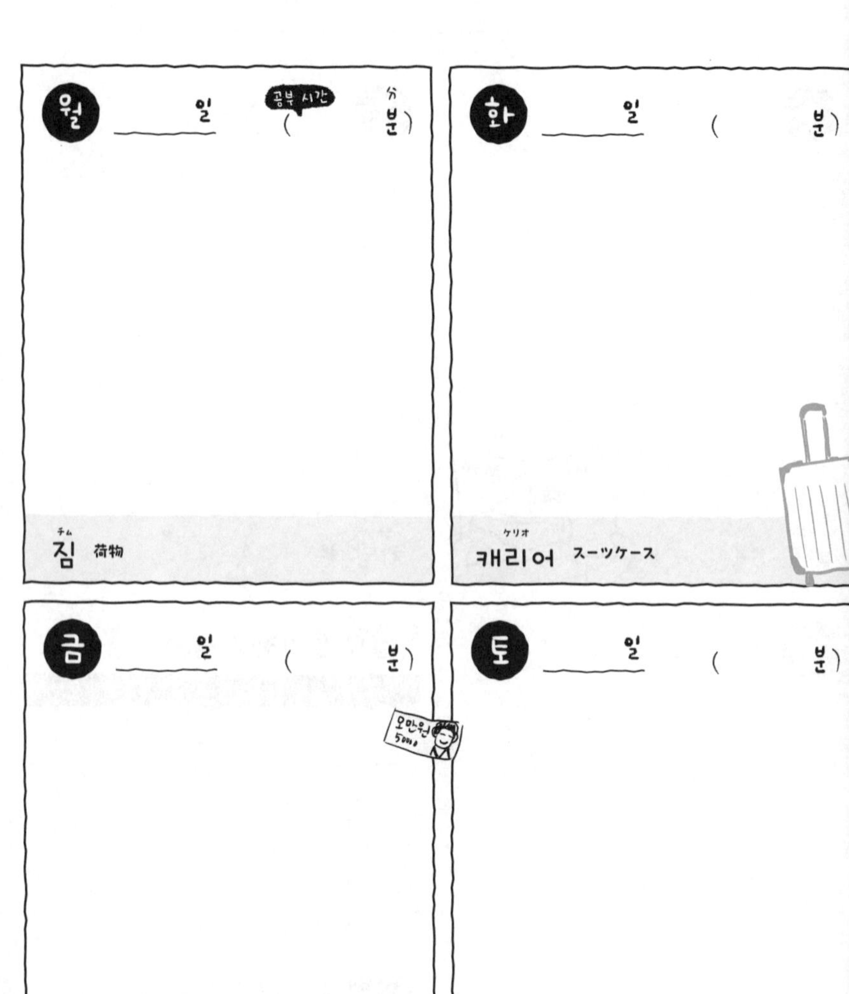

단어 메모
単語メモ

한국어	일본어	한국어	일본어
□	/	□	/
□	/	□	/
□	/	□	/

나야~나

수 ____ 일 (　　분)

ヨックォン
여권 パスポート

목 ____ 일 (　　분)

シニョンカドゥ
신용카드 クレジットカード

일 ____ 일 (　　분)

ヨックォヌル ケンシネッソヨ
여권을 갱신했어요. パスポートを更新しました。

습관 트래커 習慣トラッカー

	월	화	수	목	금	토	일

이번 주 공부 시간 今週の勉強時間

目標 分
목표 분

実績 分
실적 분

1월 2월 3월 4월

5월 6월 7월 8월

9월 10월 11월 12월

메모

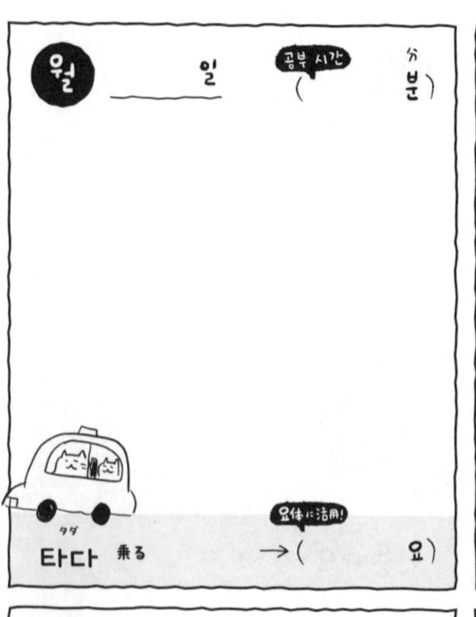

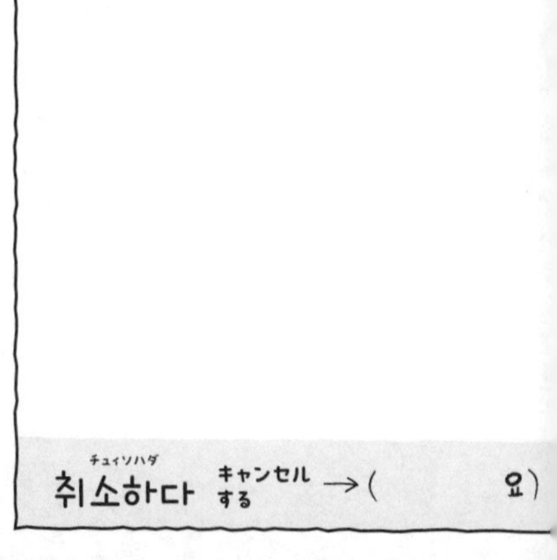

한국어	일본어	한국어	일본어
□	/	□	/
□	/	□	/
□	/	□	/

수 ____일 (　　　분)

カラタダ
갈아타다 乗り換える →（　　　요）

목 ____일 (　　　분)

イドンハダ
이동하다 移動する →（　　　요）

일 ____일 (　　　분)

イェヤグル チュイソハゴ シポヨ
예약을 취소하고 싶어요. 予約をキャンセルしたいです。

\습관 트래커/ 習慣トラッカー

	월	화	수	목	금	토	일

\이번 주 공부 시간/ 今週の勉強時間

目標 **목표** 分 **분**

実績 **실적** 分 **분**

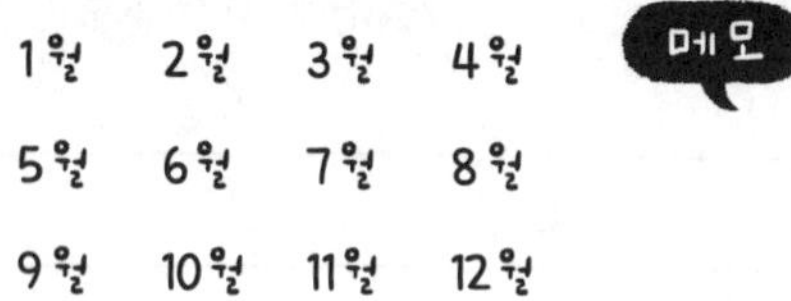
1월 2월 3월 4월
5월 6월 7월 8월
9월 10월 11월 12월
메모

월
일
공부 시간
分
(분)
ロメンス
로맨스 恋愛

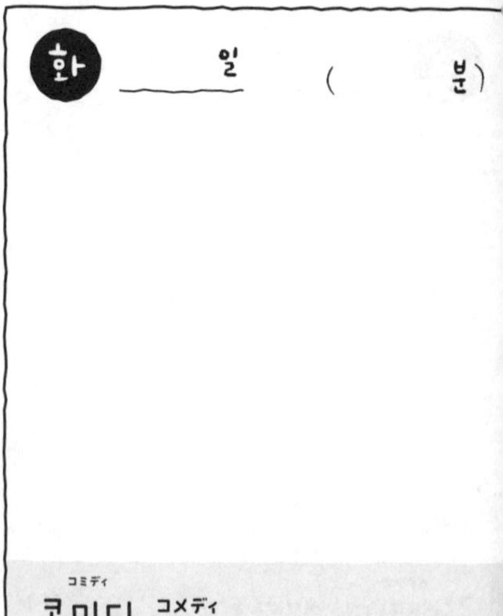
화
일
(분)
コミディ
코미디 コメディ

금
일
(분)
サグッ
사극 時代劇

토
일
(분)
エッション
액션 アクション

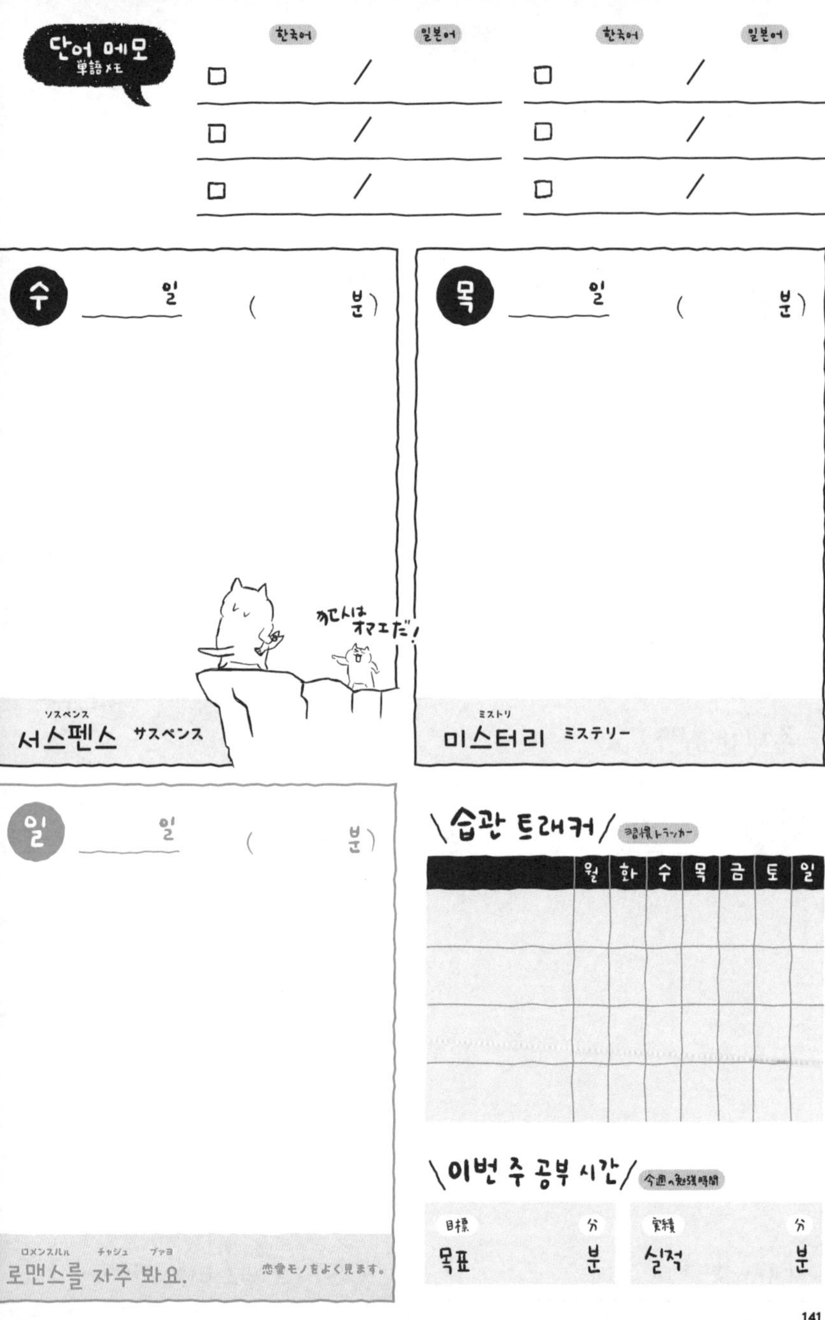
단어 메모
単語メモ
한국어
일본어
한국어
일본어
수
일
분
목
일
분
犯人はオマエだ!
ソスペンス
서스펜스 サスペンス
ミストリ
미스터리 ミステリー
일
일
분
습관 트래커
習慣トラッカー
월
화
수
목
금
토
일
이번 주 공부 시간
今週の勉強時間
目標
分
목표
분
実績
分
실적
분
ロメンスルル チャジュ ブァヨ
로맨스를 자주 봐요.
恋愛モノをよく見ます。

1월 2월 3월 4월
5월 6월 7월 8월
9월 10월 11월 12월

메모

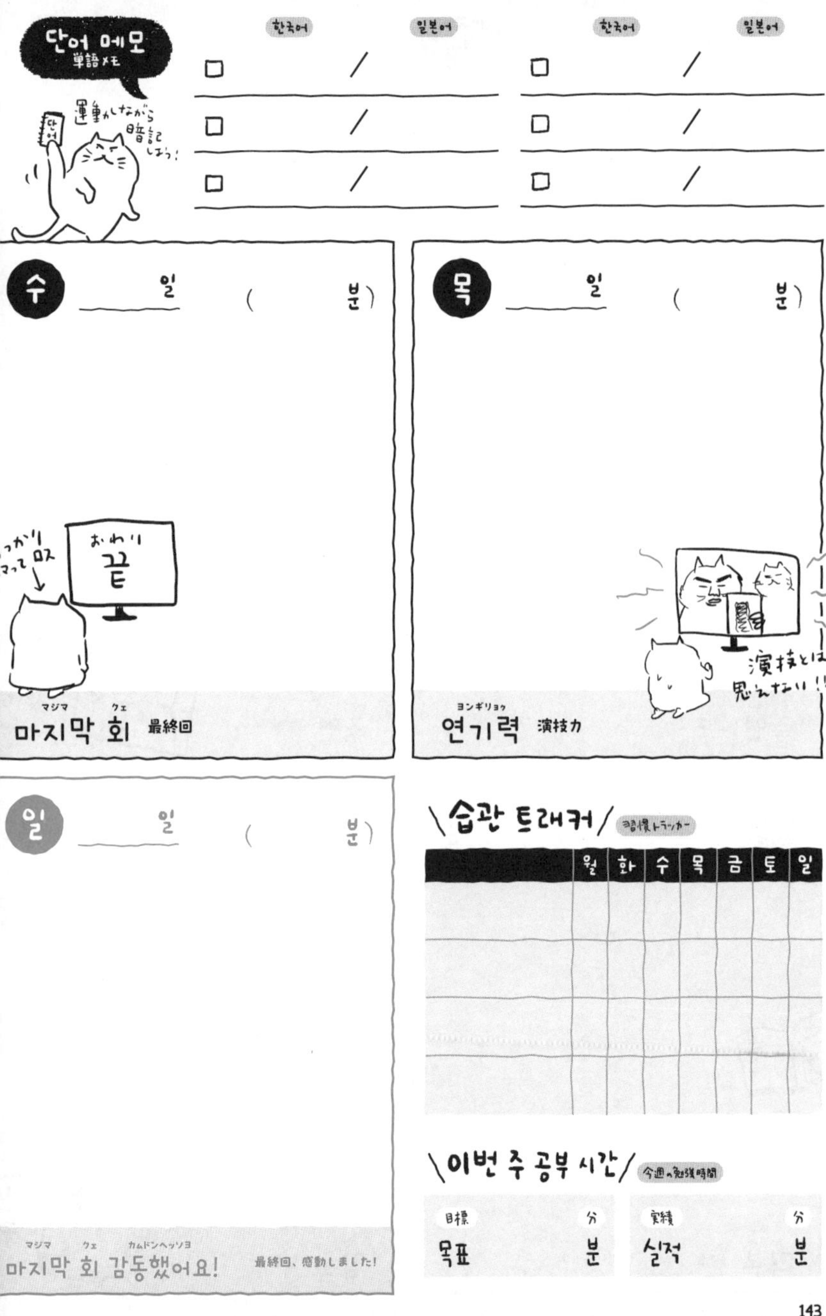
단어 메모
単語メモ
한국어
일본어
한국어
일본어
運動しながら暗記しよう!
단어
수
일
분
목
일
분
おわり
끝
しっかりハマってロス
演技とは思えない!!
マジマ クェ
마지막 회 最終回
ヨンギリョク
연기력 演技力
일
일
분
マジマ クェ カムドンヘッソヨ
마지막 회 감동했어요! 最終回、感動しました!
습관 트래커
習慣トラッカー
월
화
수
목
금
토
일
이번 주 공부 시간
今週の勉強時間
目標
分
목표
분
実績
分
실적
분

1월 2월 3월 4월

5월 6월 7월 8월

9월 10월 11월 12월

메모

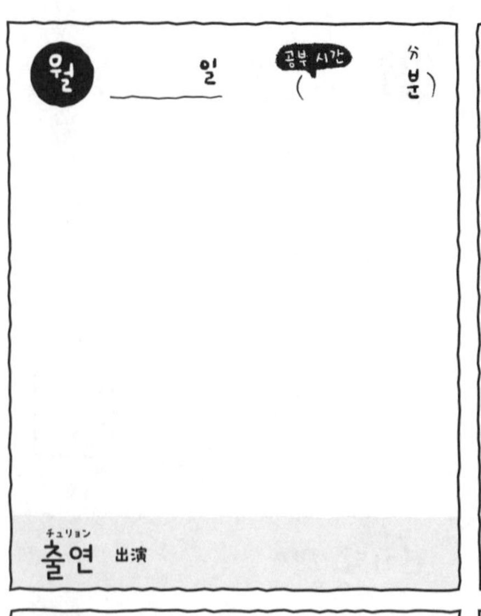

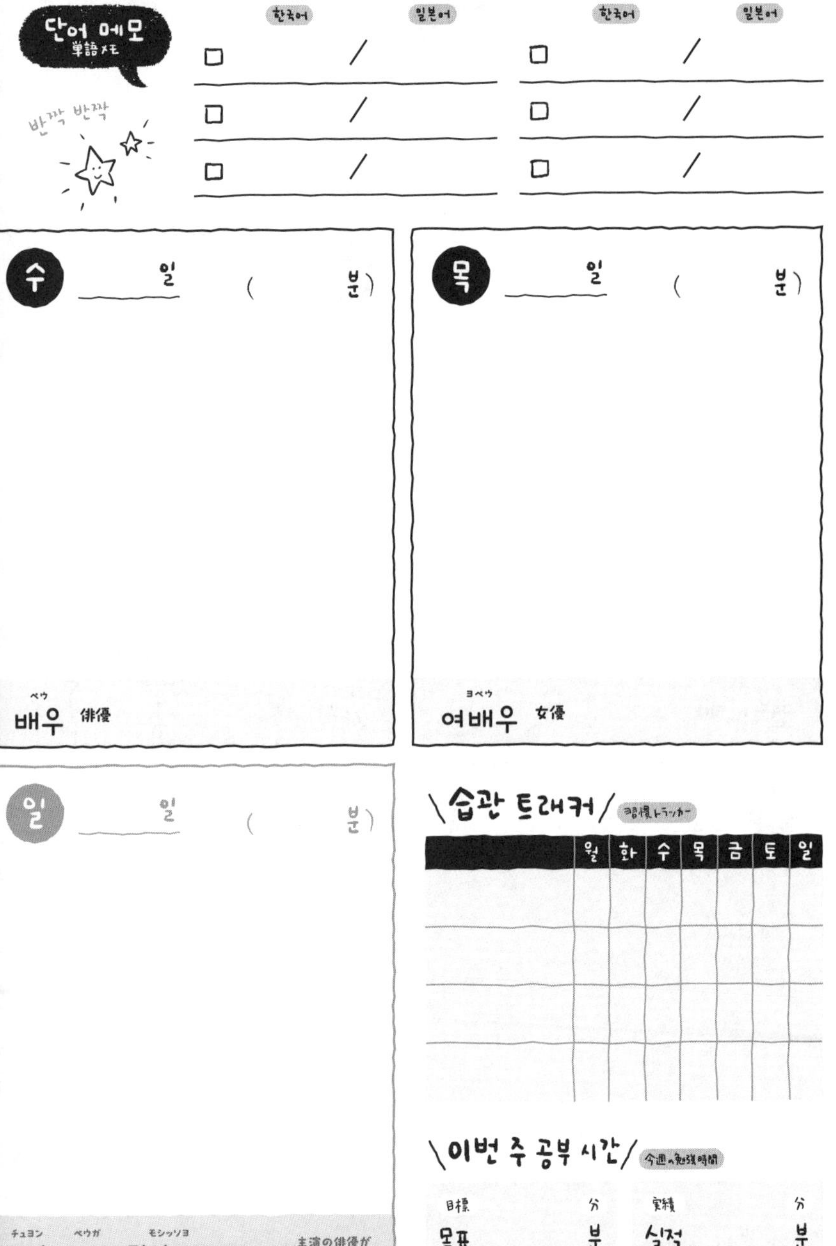

단어 메모
単語メモ
한국어
일본어
한국어
일본어
반짝 반짝
수
일
분
목
일
분
ペウ
배우 俳優
ヨベウ
여배우 女優
일
일
분
습관 트래커
習慣トラッカー
월
화
수
목
금
토
일
チュヨン ペウガ モシッソヨ
주연 배우가 멋있어요.
主演の俳優がカッコいいです。
이번 주 공부 시간
今週の勉強時間
目標
목표
分
분
実績
실적
分
분

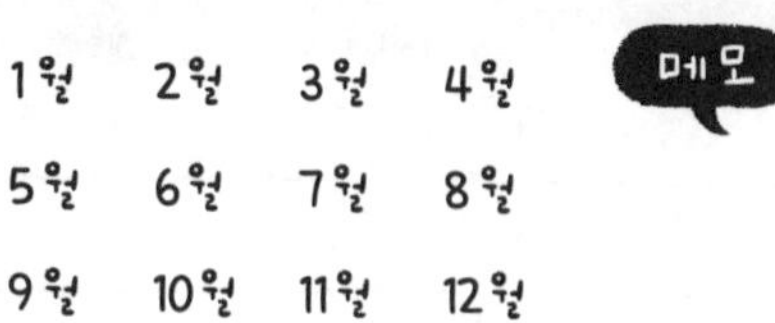

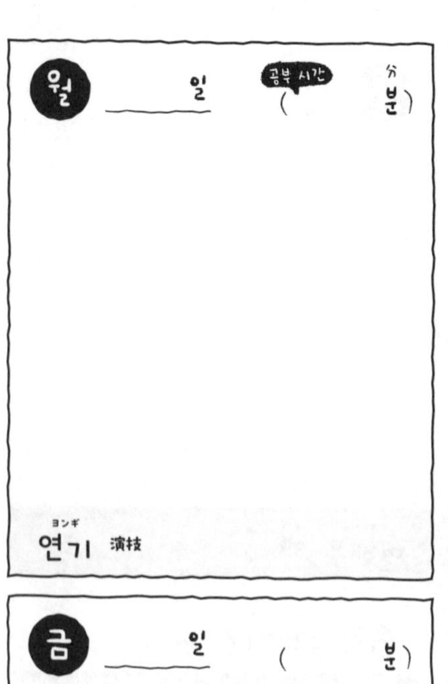

토 ____ 일 (분)

ムデ インサ
무대 인사 舞台挨拶

단어 메모
単語メモ

한국어	일본어	한국어	일본어
□	/	□	/
□	/	□	/
□	/	□	/

수 ＿＿＿일 (　　　분)

대박 (テバッ) 大ヒット

목 ＿＿＿일 (　　　분)

성지순례 (ソンジスルレ) 聖地巡礼

일 ＿＿＿일 (　　　분)

무대 인사를 보러 갈 거예요. (ムデ インサルル ポロ カル コエヨ)
舞台挨拶を見に行くつもりです。

\ 습관 트래커 / 習慣トラッカー

	월	화	수	목	금	토	일

\ 이번 주 공부 시간 / 今週の勉強時間

목표 (目標)　　　분 (分)　실적 (実績)　　　분 (分)

1월 2월 3월 4월
5월 6월 7월 8월
9월 10월 11월 12월

메모

단어 메모
単語メモ

한국어		일본어	한국어		일본어
□	/		□	/	
□	/		□	/	
□	/		□	/	

여러분~

수 ____ 일 (분)

ノレ
노래 歌

목 ____ 일 (분)

カサ
가사 歌詞

일 ____ 일 (분)

ノレ チンチャ チャレヨ
노래 진짜 잘해요! 歌が本当に上手です!

\습관 트래커/ 習慣トラッカー

	월	화	수	목	금	토	일

\이번 주 공부 시간/ 今週の勉強時間

目標 分 実績 分
목표 분 실적 분

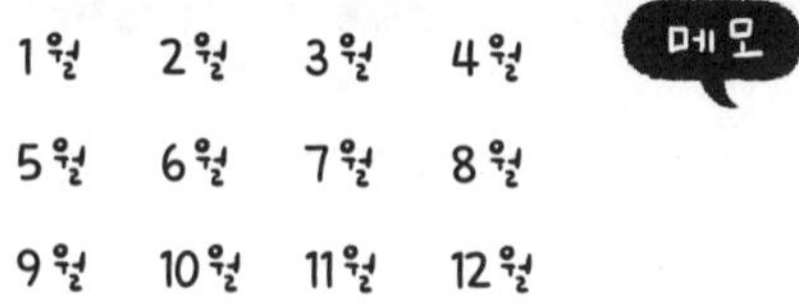
1월 2월 3월 4월
5월 6월 7월 8월
9월 10월 11월 12월
메모

월
일
공부 시간
(分 분)
メンボ
멤버 メンバー

화
일
(분)
리더
リド
리더 リーダー

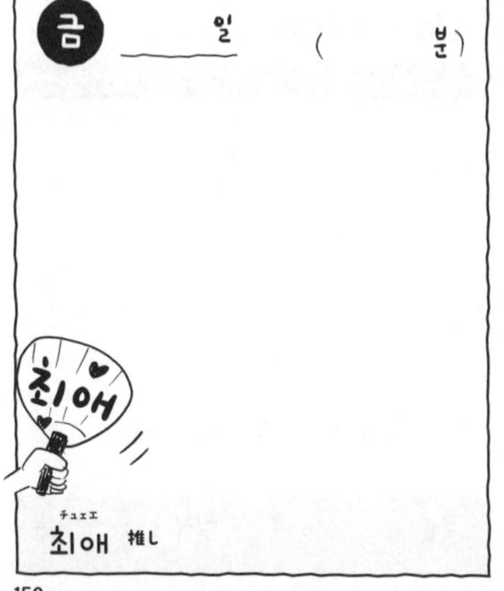
금
일
(분)
최애
チュエエ
최애 推し

토
일
(분)
トッチル
덕질 オタ活

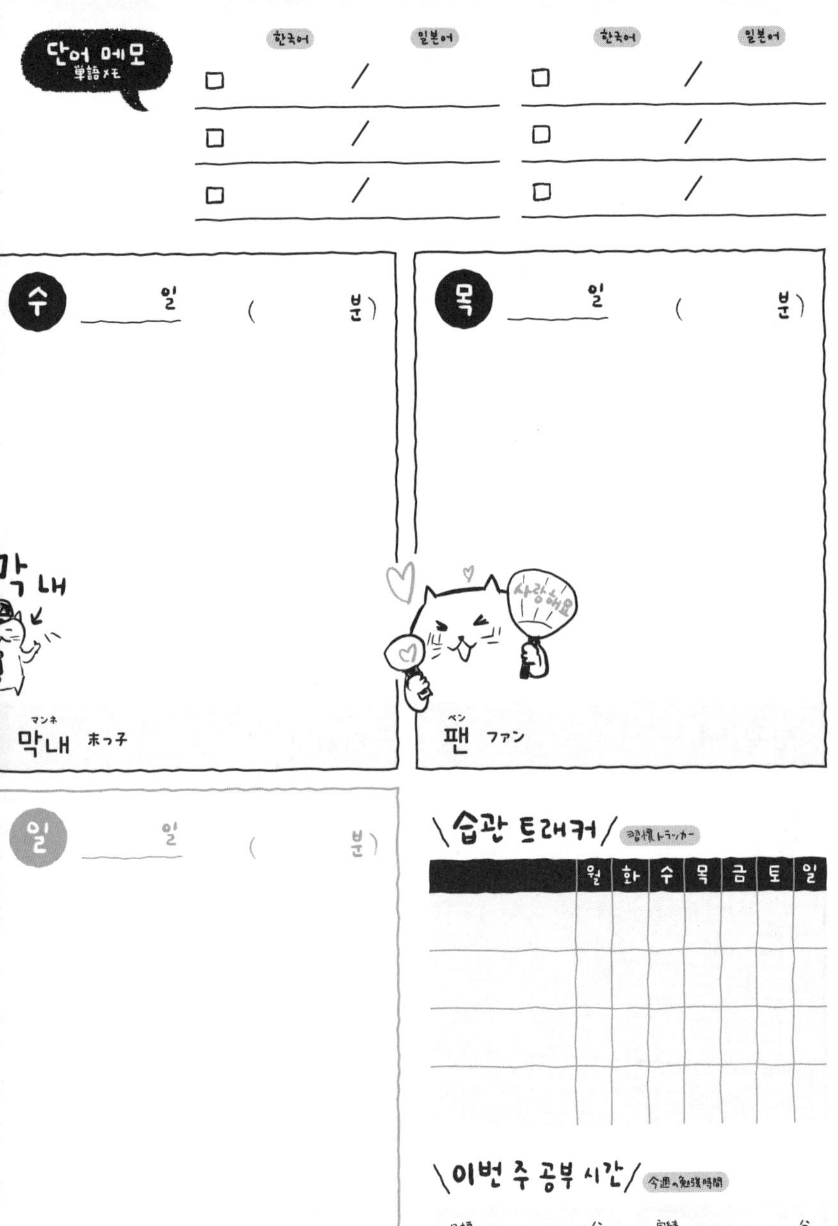

습관 트래커 習慣トラッカー

	월	화	수	목	금	토	일

이번 주 공부 시간 今週の勉強時間

目標 목표 分 분　実績 실적 分 분

1월 2월 3월 4월

5월 6월 7월 8월

9월 10월 11월 12월

메모

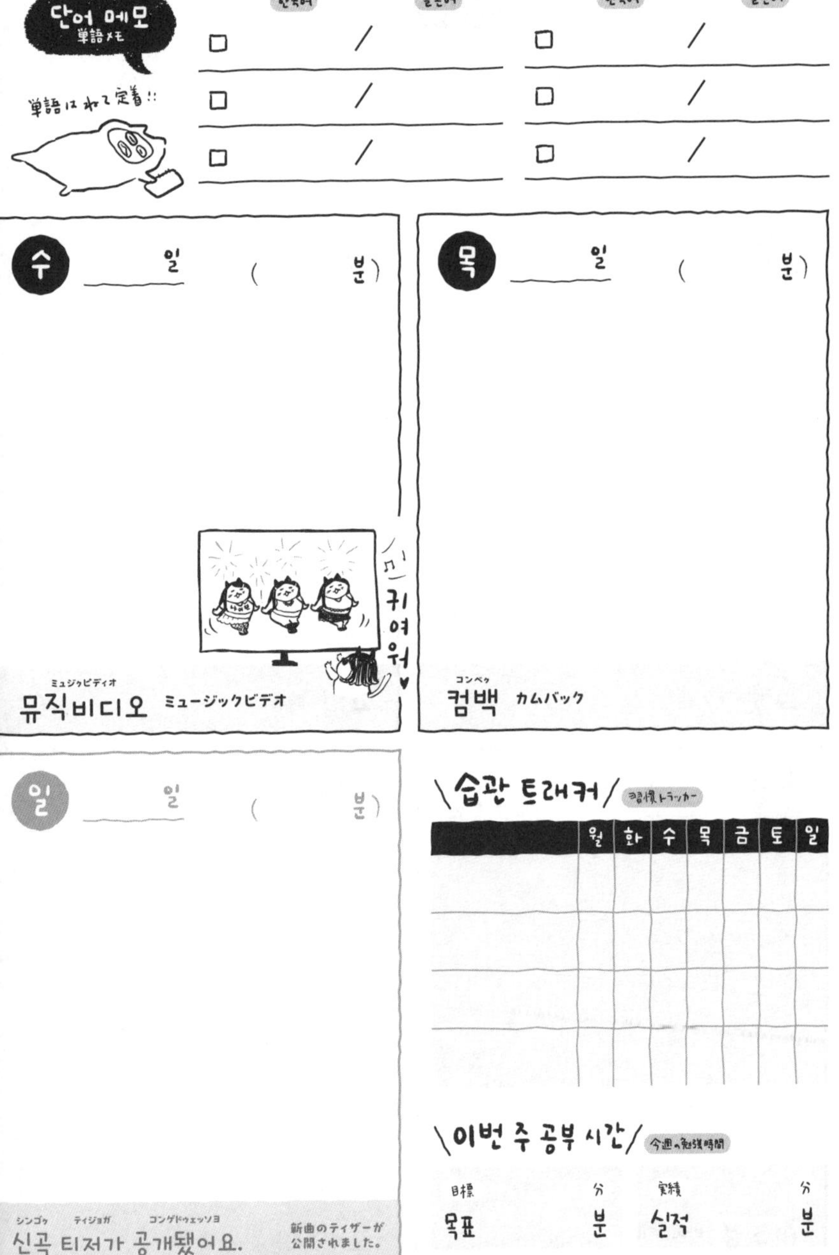

단어 메모
単語メモ
単語はねて定着!!
한국어 / 일본어
한국어 / 일본어
수 일 (분)
목 일 (분)
귀여워
ミュジッビディオ
뮤직비디오 ミュージックビデオ
コンベッ
컴백 カムバック
일 일 (분)
습관 트래커 習慣トラッカー
월 화 수 목 금 토 일
이번 주 공부 시간 今週の勉強時間
目標 分 実績 分
목표 분 실적 분
シンゴッ ティジョガ コンゲドゥェッソヨ
신곡 티저가 공개됐어요.
新曲のティザーが公開されました。

1월 2월 3월 4월
5월 6월 7월 8월
9월 10월 11월 12월

메모

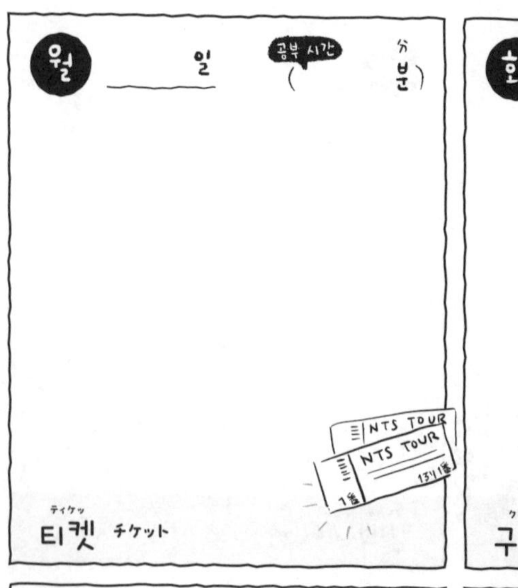

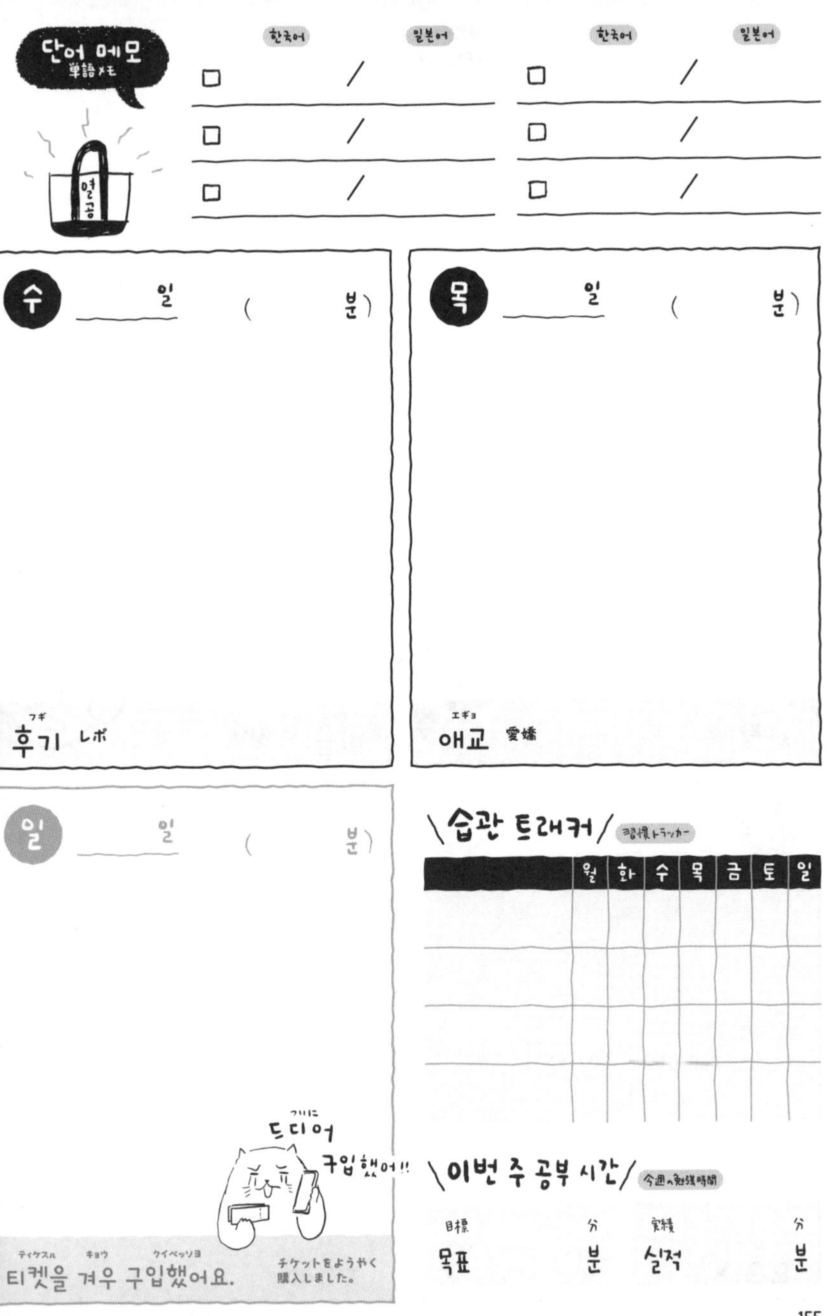
단어 메모
単語メモ
한국어
일본어
한국어
일본어
열공
수
일
(분)
목
일
(분)
フギ
후기 レポ
エギョ
애교 愛嬌
일
일
(분)
습관 트래커
習慣トラッカー
월 화 수 목 금 토 일
ついに
드디어
구입했어!!
이번 주 공부 시간
今週の勉強時間
目標
목표
分
분
実績
실적
分
분
ティケスル キョウ クイベッソヨ
티켓을 겨우 구입했어요.
チケットをようやく購入しました。

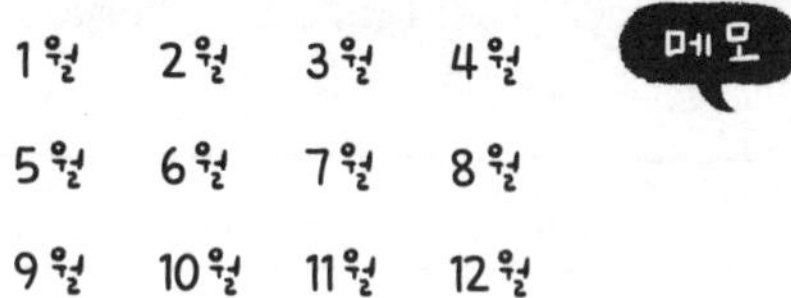
1월 2월 3월 4월
5월 6월 7월 8월
9월 10월 11월 12월
메모

월
일
공부 시간
(
分
분)
사랑
Love
サラン
사랑 愛

화
일
(
분)
마음
心
マウム
마음 心、気持ち

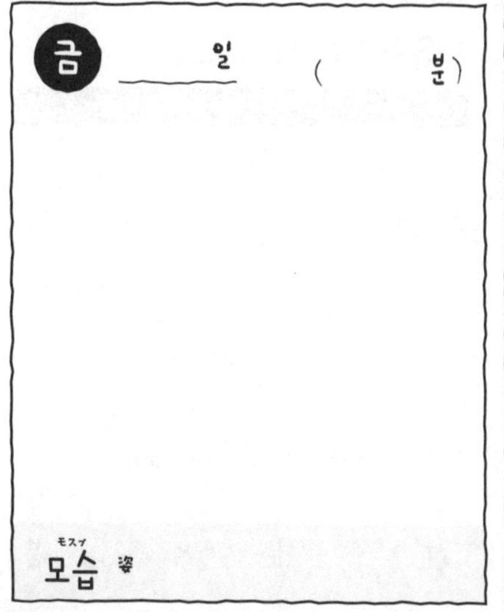
금
일
(
분)
モスプ
모습 姿

토
일
(
분)
話し声は목소리
だけど
목소리~
鳴き声は소
だよ
モクソリ
목소리 声

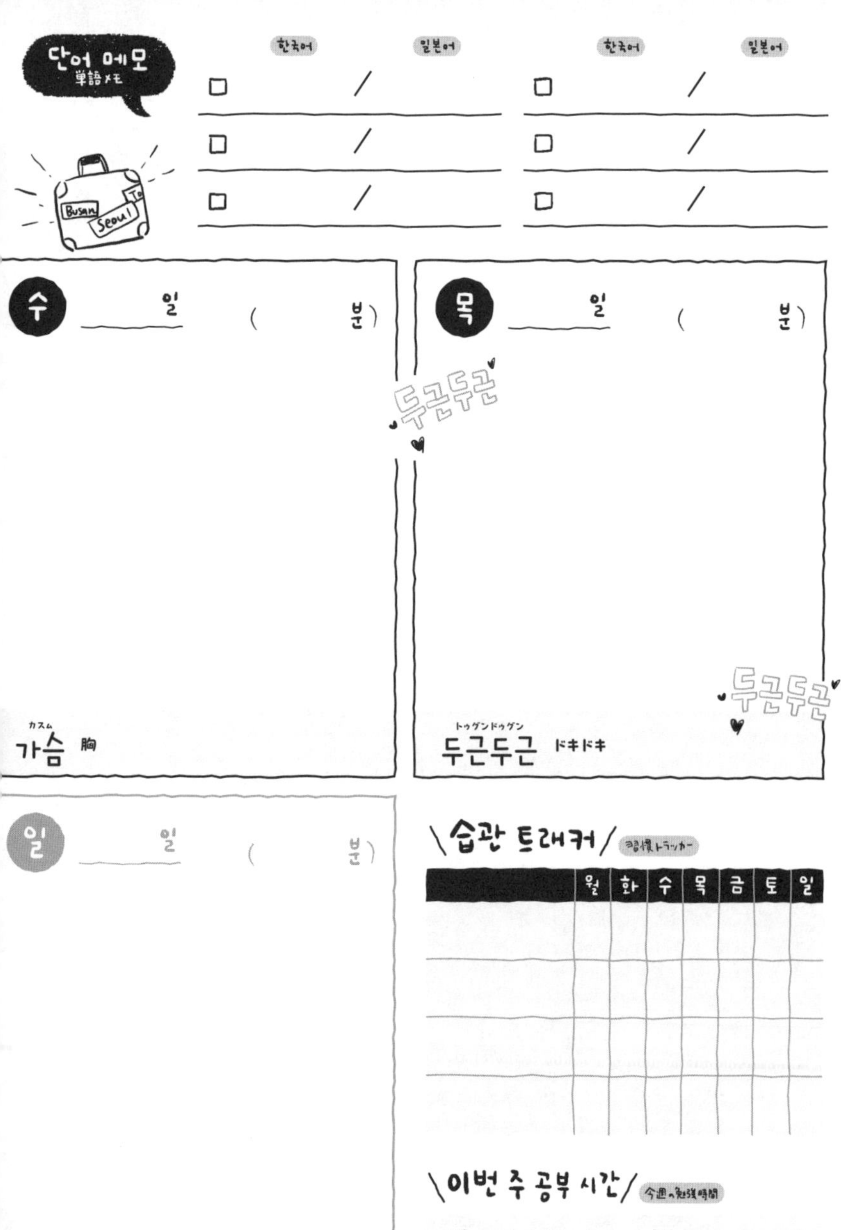

단어 메모
單語メモ
한국어
일본어
한국어
일본어
Busan
Seoul
To
수
일
분
카スム
가슴 胸
목
일
분
두근두근
トゥグンドゥグン
두근두근 ドキドキ
일
일
분
カスミ トゥグンドゥグネヨ
가슴이 두근두근해요. 胸がドキドキします。
습관 트래커 習慣トラッカー
월
화
수
목
금
토
일
이번 주 공부 시간 今週の勉強時間
目標 分 実績 分
목표 분 실적 분

메모

막걸리

ダイアリー用単語集
다이어리용 단어집

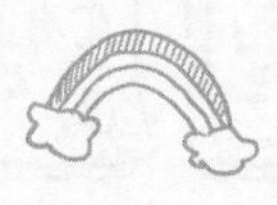

月・曜日・日にち

1月	2月	3月	4月	5月	6月
イルォル	イウォル	サムォル	サウォル	オウォル	ユウォル
1월	2월	3월	4월	5월	6월
(일)	(이)	(삼)	(사)	(오)	(유)

7月	8月	9月	10月	11月	12月
チルォル	パルォル	クウォル	シウォル	シビルォル	シビウォル
7월	8월	9월	10월	11월	12월
(칠)	(팔)	(구)	(시)	(십일)	(십이)

月曜日	火曜日	水曜日	木曜日	金曜日	土曜日	日曜日
ウォリョイル 월요일	ファヨイル 화요일	スヨイル 수요일	モギョイル 목요일	クミョイル 금요일	トヨイル 토요일	イリョイル 일요일

今年	来年	毎月	今月	来月	毎週	今週
オレ 올해	ネニョン 내년	メダル 매달	イボン タル 이번 달	タウム タル 다음 달	メジュ 매주	イボン チュ 이번 주
来週	**毎日**	**昨日**	**今日**	**明日**	**おととい**	**明後日**
タウム チュ 다음 주	メイル 매일	オジェ 어제	オヌル 오늘	ネイル 내일	クジョッケ 그저께	モレ 모레

1日	2日	3日	4日	5日
1 일 イ リル (일 일)	2 일 イ イル (이 일)	3 일 サ ミル (삼 일)	4 일 サ イル (사 일)	5 일 オ イル (오 일)
6日	7日	8日	9日	10日
6 일 ユ ギル (육 일)	7 일 チ リル (칠 일)	8 일 パ リル (팔 일)	9 일 ク イル (구 일)	10 일 シ ビル (십 일)
11日	12日	13日	14日	15日
11 일 シビ リル (십일 일)	12 일 シビ イル (십이 일)	13 일 シッサ ミル (십삼 일)	14 일 シッサ イル (십사 일)	15 일 シボ イル (십오 일)
16日	17日	18日	19日	20日
16 일 シムニュ ギル (십육 일)	17 일 シッチ リル (십칠 일)	18 일 シッパ リル (십팔 일)	19 일 シック イル (십구 일)	20 일 イシ ビル (이십 일)
21日	22日	23日	24日	25日
21 일 イシビ リル (이십일 일)	22 일 イシビ イル (이십이 일)	23 일 イシッサ ミル (이십삼 일)	24 일 イシッサ イル (이십사 일)	25 일 イシボ イル (이십오 일)
26日	27日	28日	29日	30日
26 일 イシムニュ ギル (이십육 일)	27 일 イシッチ リル (이십칠 일)	28 일 イシッパ リル (이십팔 일)	29 일 イシック イル (이십구 일)	30 일 サムシ ビル (삼십 일)
31日				
31 일 サムシビ リル (삼십일 일)				

時間・祝日

時間

5分	10分	15分	20分	30分	45分	1時間
5 분 (オ ブン) (오 분)	10 분 (シッ ブン) (십 분)	15 분 (シボ ブン) (십오 분)	20 분 (イシッ ブン) (이십 분)	30 분 (サムシッ ブン) (삼십 분)	45 분 (サシボ ブン) (사십오 분)	1 시간 (ハン シガン) (한 시간)

○時ちょうど	정각 ○ 시	チョンガㇰ シ
○時くらい	○ 시쯤	シッチュム
○時前	○ 시 전	シ ジョン
○時過ぎに	○시 넘어서	シ ノモソ
朝9時	아침 아홉 시	アチム アホプ シ
午前10時	오전 열 시	オジョン ニョル シ
午後2時	오후 두 시	オフ トゥ シ
夕方5時	저녁 다섯 시	チョニョㇰ タソッ シ
夜9時	밤 아홉 시	パム アホプ シ
深夜4時	새벽 네 시	セビョン ネ シ
○時に	○ 시에	シエ
まで(に)	까지	ッカジ
から	부터	プト

祝日

正月 1月1日	シンジョン 신정	光復節 8月15日	クァンボッチョル 광복절
旧正月 陰暦の1月1日	ソルラル　クジョン 설날 / 구정	秋夕 陰暦の8月15日	チュソク 추석
三一節 3月1日	サミルチョル 삼일절	開天節 10月3日	ケチョンジョル 개천절
釈迦誕生日 陰暦の4月8日	ソッカ　タンシニル 석가 탄신일	ハングルの日 10月9日	ハングルラル 한글날
子供の日 5月5日	オリニナル 어린이날	聖誕節 12月25日	ソンタンジョル　クリスマス 성탄절 / 크리스마스
顕忠日 6月6日	ヒョンチュンイル 현충일		

季節の行事

新年最初の満月の日 陰暦の1月15日	テボルム 대보름	冬至 12月22日前後	トンジ 동지
端午 陰暦の5月5日	タノ 단오	寒食 冬至から105日目	ハンシク 한식
伏日 7～8月の間に3日間	ポンナル 복날		

使えるフレーズ

10時30分からミーティングがあります。　ヨルシ　サムシップンブト　ミティンイ　イッソヨ
10시 30분부터 미팅이 있어요.

正月に家族に会いました。　ソルラレ　カジョグル　マンナッソヨ
설날에 가족을 만났어요.

自然・天気・季節

天気	날씨	ナルシ
雨	비	ピ
雪	눈	ヌン
台風	태풍	テプン
地震	지진	チジン
天気予報	일기 예보	イルギ イェボ
空	하늘	ハヌル
雲	구름	クルム
星	별	ピョル
月	달	タル
虹	무지개	ムジゲ
雷	천둥	チョンドゥン
海	바다	パダ
波	파도	パド
山	산	サン
風	바람	パラム
花	꽃	コッ
木	나무	ナム
季節	계절	ケジョル

春	봄	ポム
夏	여름	ヨルム
秋	가을	カウル
冬	겨울	キョウル
にわか雨	소나기	ソナギ
梅雨	장마	チャンマ
黄砂	황사	ファンサ
初雪	첫눈	チョンヌン
晴れ	맑음	マルグム
曇り	흐림	フリム
気温	기온	キオン
日差し	햇빛	ヘッピッ
氷点下	영하	ヨンハ
極寒(厳しい寒さ)	강추위	カンチュウィ
猛暑	폭염	ポギョム
(主に)PM2.5	미세먼지	ミセモンジ
夕焼け	노을	ノウル
紅葉	단풍	タンプン
星座	별자리	ピョルチャリ

季節の変わり目	환절기（ファンジョルギ）	残暑	늦더위（ヌットウィ）
気温差	일교차（イルギョチャ）	衣替え	옷장 정리（オッチャン チョンリ）
熱帯夜	열대야（ヨルテヤ）		
花粉症	꽃가루 알레르기（コッカル アルレルギ）		

＼요体に活用して使ってみよう！／

暑い 暑いです	덥다（トプタ） 더워요	涼しい 涼しいです	시원하다（シウォナダ） 시원해요
寒い 寒いです	춥다（チュプタ） 추워요	肌寒い 肌寒いです	쌀쌀하다（サルッサラダ） 쌀쌀해요
暖かい 暖かいです	따뜻하다（タットゥタダ） 따뜻해요	ジメジメする ジメジメします	습하다（スパダ） 습해요

使えるフレーズ

今日は天気がいいです。	오늘은 날씨가 좋아요 .（オヌルン ナルシガ チョアヨ）
寒くて出かけたくないです。	추워서 나가기 싫어요 .（チュウォソ ナガギ シロヨ）
今日は満月ですね。	오늘은 보름달이네요 .（オヌルン ポルムタリネヨ）
風が強いです。	바람이 세요 .（パラミ セヨ）
花粉のせいで辛いです。	꽃가루 때문에 힘들어요 .（コッカル テムネ ヒムドゥロヨ）

生活

映画	영화 (ヨンファ)	部屋	방 (パン)
漫画	만화 (マヌァ)	トイレ	화장실 (ファジャンシル)
一日中	하루 종일 (ハル ジョンイル)	窓	창문 (チャンムン)
明け方	새벽 (セビョク)	階段	계단 (ケダン)
朝	아침 (アチム)	壁	벽 (ピョク)
昼	낮 (ナッ)	家具	가구 (カグ)
夕方	저녁 (チョニョク)	机	책상 (チェクサン)
夜	밤 (パム)	椅子	의자 (ウィジャ)
午前	오전 (オジョン)	ベッド	침대 (チムデ)
午後	오후 (オフ)	クローゼット	옷장 (オッチャン)
家	집 (チプ)	財布	지갑 (チガプ)
リビング	거실 (コシル)	鍵	열쇠 (ヨルスェ)

＼요体に活用して使ってみよう！／

起きる 起きます	일어나다 (イロナダ) 일어나요	洗濯する 洗濯します	빨래하다 (パルレハダ) 빨래해요
顔を洗う 顔を洗います	세수하다 (セスハダ) 세수해요	掃除する 掃除します	청소하다 (チョンソハダ) 청소해요
歯を磨く 歯を磨きます	이를 닦다 (イルル タクタ) 이를 닦아요	シャワーを浴びる シャワーを浴びます	샤워하다 (シャウォハダ) 샤워해요

電車に乗る	チョンチョルル タダ	전철을 타다
電車に乗ります		전철을 타요
音楽を聴く	ウマグル トゥッタ	음악을 듣다
音楽を聴きます		음악을 들어요
歩く	コッタ	걷다
歩きます		걸어요
コンビニに行く	ピョニジョメ カダ	편의점에 가다
コンビニに行きます		편의점에 가요
弁当を食べる	トシラグル モクタ	도시락을 먹다
弁当を食べます		도시락을 먹어요
コーヒーを飲む	コピルル マシダ	커피를 마시다
コーヒーを飲みます		커피를 마셔요
料理する	ヨリハダ	요리하다
料理します		요리해요
テレビを見る	ティビルル ポダ	티비를 보다
テレビを見ます		티비를 봐요
休む	シュイダ	쉬다
休みます		쉬어요
寝る	チャダ	자다
寝ます		자요
出前をとる	ペダルル シキダ	배달을 시키다
出前をとります		배달을 시켜요
ラーメンを作る	ラミョヌル クリダ	라면을 끓이다
ラーメンを作ります		라면을 끓여요
徹夜する	パムル セウダ	밤을 새우다
徹夜します		밤을 새워요
電気をつける／消す	プルル キョダ クダ	불을 켜다／끄다
電気をつけます／消します		불을 켜요／꺼요
来る	オダ	오다
来ます		와요
眠い	チョルリダ	졸리다
眠いです		졸려요

使えるフレーズ

6時に起きます。	ヨソッシエ イロナヨ	6시에 일어나요.
会社まで歩きます。	フェサッカジ コロヨ	회사까지 걸어요.
映画を見に行きます。	ヨンファルル ポロ カヨ	영화를 보러 가요.
一日中眠かったです。	ハル ジョンイル チョルリョッソヨ	하루 종일 졸렸어요.

気分・性格

社交的	사교적	サギョジョク
内向的	내성적	ネソンジョク
積極的	적극적	チョックッチョク
消極的	소극적	ソグッチョク
個性的	개성적	ケソンジョク
利己的	이기적	イギジョク

\요体に活用して使ってみよう!/

ドキドキする ドキドキします	두근두근하다 두근두근해요	トゥグンドゥグナダ
好きだ 好きです	좋아하다 좋아해요	チョアハダ
びっくりする びっくりします	놀라다 놀라요	ノルラダ
嫌いだ 嫌いです	싫어하다 싫어해요	シロハダ
満足だ 満足です	만족하다 만족해요	マンジョカダ
後悔する 後悔します	후회하다 후회해요	フフェハダ
緊張する 緊張します	긴장하다 긴장해요	キンジャンハダ
落ち着く 落ち着きます	진정하다 진정해요	チンジョンハダ
ぼーっとする ぼーっとします	멍때리다 멍때려요	モンテリダ
楽しい 楽しいです	즐겁다 즐거워요	チュルゴッタ
気分がいい 気分がいいです	기분이 좋다 기분이 좋아요	キブニ チョタ
幸せだ 幸せです	행복하다 행복해요	ヘンボカダ
羨ましい 羨ましいです	부럽다 부러워요	プロッタ
嬉しい 嬉しいです	기쁘다 기뻐요	キップダ
面白い 面白いです	재미있다 재미있어요	チェミイッタ
つまらない つまらないです	재미없다 재미없어요	チェミオプタ
怖い 怖いです	무섭다 무서워요	ムソプタ
自信がある/ない 自信があります/ないです	자신이 있다/없다 자신이 있어요/없어요	チャシニ イッタ/オプタ

恥ずかしい	부끄럽다（ブックロッタ）
恥ずかしいです	부끄러워요
不安だ	불안하다（プラナダ）
不安です	불안해요
慌てる	당황하다（タンファンハダ）
慌てます	당황해요
もどかしい	답답하다（タッタパダ）
もどかしいです	답답해요
ムカつく	짜증나다（チャジュンナダ）
ムカつきます	짜증나요
明るい	밝다（パッタ）
明るいです	밝아요
静かだ	조용하다（チョヨンハダ）
静かです	조용해요
正直だ	솔직하다（ソルチカダ）
正直です	솔직해요
やさしい	착하다（チャカダ）
やさしいです	착해요
親切だ	친절하다（チンジョラダ）
親切です	친절해요
几帳面だ	꼼꼼하다（コムコマダ）
几帳面です	꼼꼼해요
（ひとりぼっちで）寂しい	외롭다（ウェロッタ）
寂しいです	외로워요
悲しい	슬프다（スルプダ）
悲しいです	슬퍼요
愛おしい	사랑스럽다（サランスロッタ）
愛おしいです	사랑스러워요
大人っぽい	어른스럽다（オルンスロッタ）
大人っぽいです	어른스러워요

使えるフレーズ

コンサート楽しかったです！	콘서트（コンソトゥ） 즐거웠어요（チュルゴウォッソヨ）！
ニュースを見てびっくりしました。	뉴스를（ニュスルル） 보고（ポゴ） 놀랐어요（ノルラッソヨ）.
財布がなくて慌てました。	지갑이（チガビ） 없어서（オプソソ） 당황했어요（タンファンヘッソヨ）.
夫は几帳面です。	남편은（ナンピョヌン） 꼼꼼해요（コムコメヨ）.

学校・勉強

	チョドゥンハッキョ		ソンジョク
小学校	초등학교	成績	성적

- 小学校　초등학교（チョドゥンハッキョ）
- 中学校　중학교（チュンハッキョ）
- 高校　고등학교（コドゥンハッキョ）
- 大学　대학교（テハッキョ）
- 大学院　대학원（テハグォン）
- 塾（教室）　학원（ハグォン）
- 入学式　입학식（イパッシク）
- 卒業式　졸업식（チョロプシク）
- 授業　수업（スオプ）
- 学期　학기（ハッキ）
- 長期休み　방학（パンハク）
- 春休み　봄 방학（ポム パンハク）
- 夏休み　여름 방학（ヨルム パンハク）
- 冬休み　겨울 방학（キョウル パンハク）
- 同窓会　동창회（トンチャンフェ）
- 教室　교실（キョシル）
- 先生　선생님（ソンセンニム）
- 学生　학생（ハクセン）
- 試験　시험（シホム）
- 成績　성적（ソンジョク）
- 合格　합격（ハプキョク）
- 文法　문법（ムンポプ）
- 作文　작문（チャンムン）
- 発音　발음（パルム）
- 抑揚　억양（オギャン）
- 教材　교재（キョジェ）
- 辞書　사전（サジョン）
- 予習　예습（イェスプ）
- 復習　복습（ポクスプ）
- 宿題　숙제（スクチェ）
- 問題　문제（ムンジェ）
- 上級　고급（コグプ）
- 中級　중급（チュングプ）
- 初級　초급（チョグプ）
- 単語　단어（タノ）
- 例文　예문（イェムン）
- 聞き取り　듣기（トゥッキ）
- 書き取り　받아쓰기（パダッスギ）

\ 요体に活用して使ってみよう! /

習う	배우다	ペウダ
習います	배워요	
覚える	외우다	ウェウダ
覚えます	외워요	
忘れる	잊어버리다	イジョボリダ
忘れます	잊어버려요	
練習する	연습하다	ヨンスパダ
練習します	연습해요	
教える	가르치다	カルチダ
教えます	가르쳐요	
暗記する	암기하다	アムギハダ
暗記します	암기해요	
入学する	입학하다	イパカダ
入学します	입학해요	
得意だ	잘하다	チャラダ
得意です	잘해요	
専攻する	전공하다	チョンゴンハダ
専攻します	전공해요	
卒業する	졸업하다	チョロパダ
卒業します	졸업해요	
間違える	틀리다	トゥルリダ
間違えます	틀려요	
簡単だ	쉽다	シュイプタ
簡単です	쉬워요	
難しい	어렵다	オリョプタ
難しいです	어려워요	

料理教室に通っています。	요리(ヨリ) 학원에(ハグォネ) 다니고(タニゴ) 있어요(イッソヨ).
同窓会に行くつもりです。	동창회에(トンチャンフェエ) 갈(カル) 거예요(コエヨ).
ソウル大に合格しました。	서울대에(ソウルデエ) 합격했어요(ハプキョケッソヨ).
単語をすぐ忘れます。	단어를(タノルル) 금방(クンバン) 잊어버려요(イジョボリョヨ).
パッチムの発音が難しいです。	받침(パッチム) 발음이(パルミ) 어려워요(オリョウォヨ).

会社・仕事

職業	직업	チゴッ
会社員	회사원	フェサウォン
公務員	공무원	コンムウォン
自営業	자영업	チャヨンオッ
アルバイト	아르바이트	アルバイトゥ
主婦	주부	チュブ
会社	회사	フェサ
残業	야근	ヤグン
会食	회식	フェシッ
定時退社	칼퇴근	カルトゥェグン
給料	월급	ウォルグッ
社長(様)※	사장(님)	サジャン(ニム)
部長(様)※	부장(님)	ブジャン(ニム)
課長(様)※	과장(님)	クァジャン(ニム)
チーム長(様)※	팀장(님)	ティムジャン(ニム)
代理(様)※	대리(님)	テリ(ニム)
同僚	동료	トンニョ
先輩	선배	ソンベ
後輩	후배	フベ
部署	부서	ブソ
会議	회의	フェイ
出張	출장	チュルチャン
名刺	명함	ミョンハム
書類	서류	ソリュ
資料	자료	チャリョ
契約書	계약서	ケヤッソ
締切	마감	マガム
有給休暇	유급 휴가	ユグッ ヒュガ
出産休暇	출산 휴가	チュルサン ヒュガ
半休	반차	パンチャ
欠勤	결근	キョルグン
募集	모집	モジッ
顧客	고객	コゲッ
看護師	간호사	カノサ
経営者	경영자	キョンヨンジャ
警察官	경찰관	キョンチャルグァン

※目上の役職の人には님をつけて呼びます。대리（代理）は日本でいう「主任」や「係長」のようなポストです。

美容師	미용사（ミヨンサ）	銀行員	은행원（ウネンウォン）
俳優	배우（ペウ）	医者	의사（ウィサ）
弁護士	변호사（ピョノサ）	作家	작가（チャッカ）

＼요体に活用して使ってみよう！／

働く 働きます	일하다（イラダ） 일해요	順調だ 順調です	잘 돼가다（チャル トゥェガダ） 잘 돼가요
出勤する 出勤します	출근하다（チュルグナダ） 출근해요	ミスする ミスします	실수하다（シルスハダ） 실수해요
退勤する 退勤します	퇴근하다（トゥェグナダ） 퇴근해요	手伝う 手伝います	돕다（トプタ） 도와요
就職する 就職します	취직하다（チュィジカダ） 취직해요	大変だ 大変です	힘들다（ヒムドゥルダ） 힘들어요
退職する 退職します	퇴직하다（トゥェジカダ） 퇴직해요	疲れた 疲れます	피곤하다（ピゴナダ） 피곤해요
コピーする コピーします	복사하다（ポッサハダ） 복사해요	忙しい 忙しいです	바쁘다（パップダ） 바빠요

使えるフレーズ

私は会社員です。	저는（チョヌン） 회사원이에요（フェサウォニエヨ）.
今日はデートだから定時退社！	오늘은（オヌルン） 데이트니까（テイトゥニッカ） 칼퇴근（カルトゥェグン）!
3時に会議があります。	3시에（セシエ） 회의가（フェイガ） 있어요（イッソヨ）.
締め切りは来週です。	마감은（マガムン） 다음（タウム） 주예요（チュエヨ）.

SNS・コミュニケーション

写真	사진	サジン
動画	동영상	トンヨンサン
ライブ配信	라이브 방송	ライブ パンソン
自撮り	셀카	セルカ
👍（いいね）	👍（좋아요）	チョアヨ
アカウント	계정	ケジョン
フォロー	팔로우	パルロウ
フォロワー	팔로워	パルロウォ
投稿（ポスト）	포스팅	ポスティン
検索	검색	コムセク
ハッシュタグ	해시태그	ヘシテグ
悩み	고민	コミン
約束	약속	ヤクソク
予定	예정	イェジョン
計画	계획	ケフェク
プレゼント	선물	ソンムル
メッセージ	메시지	メッシジ
再生回数	조회수	チョフェス
既読スルー	읽씹	イクシプ
悪質なコメント	악플	アクプル
友達	친구	チング
年齢	나이	ナイ
電話	전화	チョヌァ
メール	메일	メイル
趣味	취미	チュイミ
特技	특기	トゥッキ
敬語	높임말	ノピンマル
タメ口	반말	パンマル

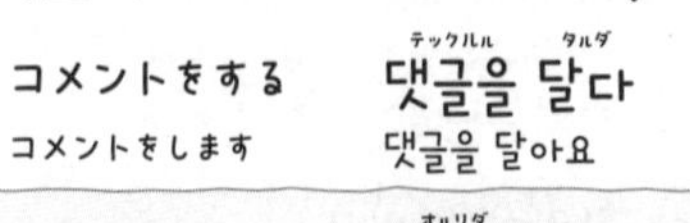

＼요体に活用して使ってみよう!／

コメントをする コメントをします	댓글을 달다 댓글을 달아요	テックルル タルダ
アップする アップします	올리다 올려요	オルリダ
話題になる 話題になります	화제가 되다 화제가 돼요	ファジェガ トゥエダ
（メール・DMを）送る 送ります	보내다 보내요	ポネダ

返信する 返信します	タッチャンハダ 답장하다 답장해요
編集する 編集します	ピョンジパダ 편집하다 편집해요
連絡する 連絡します	ヨルラカダ 연락하다 연락해요
会う 会います	マンナダ 만나다 만나요
電話する 電話します	チョヌァハダ 전화하다 전화해요
話す 話します	イヤギハダ 이야기하다 이야기해요
遊ぶ 遊びます	ノルダ 놀다 놀아요
祝う 祝います	チュカハダ 축하하다 축하해요
過ごす 過ごします	チネダ 지내다 지내요
あげる・くれる あげます・くれます	チュダ 주다 줘요
もらう もらいます	パッタ 받다 받아요
同感だ 同感です	トンガマダ 동감하다 동감해요
反対する 反対します	パンデハダ 반대하다 반대해요
心配する 心配します	コッチョンハダ 걱정하다 걱정해요
説明する 説明します	ソルミョンハダ 설명하다 설명해요
説得する 説得します	ソルトゥカダ 설득하다 설득해요

インスタに動画を上げました。	インスタエ トンヨンサンウル オルリョッソヨ 인스타에 동영상을 올렸어요.
フォロワーが増えました！	パルロウォガ ヌロッソヨ 팔로워가 늘었어요！
DMで送ってください。	ディエムロ ポネ ジュセヨ 디엠으로 보내 주세요.
お元気でしたか？	チャル チネッソヨ 잘 지냈어요？

場所・イベント

スーパー	마트	マトゥ
銀行	은행	ウネン
市場	시장	シジャン
病院	병원	ピョンウォン
薬局	약국	ヤックㇰ
コンビニ	편의점	ピョニジョㇺ
駅	역	ヨㇰ
バス停	버스 정류장	ポス チョンニュジャン
公園	공원	コンウォン
書店	서점	ソジョㇺ
カフェ	카페	カペ
食堂	식당	シㇰタン
買い物	쇼핑	ショピン
キャンプ	캠핑	ケンピン
ドライブ	드라이브	トゥライブ
映画	영화	ヨンファ
旅行	여행	ヨヘン
デート	데이트	テイトゥ
飲み会	술자리	スルチャリ
誕生日	생일	センイㇽ
記念日	기념일	キニョミㇽ
結婚式	결혼식	キョロンシㇰ
パーティー	파티	パティ
集まり	모임	モイㇺ
コンサート	콘서트	コンソトゥ
競技場	경기장	キョンギジャン
ファンミーティング	팬 미팅	ペン ミティン
ファンサイン会	팬 사인회	ペン サイヌェ
演劇	연극	ヨングㇰ
ミュージカル	뮤지컬	ミュジコㇽ
遊園地	놀이공원	ノリゴンウォン
動物園	동물원	トンムㇽオン
スタジアム	스타디움	スタディウㇺ
デパート	백화점	ペクァジョㇺ
映画館	영화관	ヨンファグァン
美術館	미술관	ミスㇽグァン
図書館	도서관	トソグァン
宿	숙소	スㇰソ

郵便局	우체국	ウチェグㇰ
カラオケ	노래방	ノレバン
(芸能)事務所	소속사	ソソㇰサ
放送局	방송국	バンソングㇰ
バーベキュー	바베큐	バベキュ
お笑いライブ	개그 라이브	ケグ ライブ
引越し	이사	イサ
引越しパーティー	집들이	チㇷ゚トゥリ
歓迎会	환영회	ファニョンフェ
送別会	송별회	ソンビョルェ
新年会	신년회	シンニョヌェ
忘年会	송년회	ソンニョヌェ
スポーツ観戦	스포츠 관전	スポチュ クァンジョン
釣り	낚시	ナㇰシ
登山	등산	トゥンサン
川	강	カン
海	바다	パダ
山	산	サン

使えるフレーズ

コンビニでスイーツを買いました。	편의점에서 디저트를 샀어요.	ピョニジョメソ ティジョトゥルㇽ サッソヨ
カフェ巡りが趣味です。	카페 투어가 취미예요.	カペ トゥオガ チュィミエヨ
最近キャンプが流行っています。	요즘 캠핑이 유행이에요.	ヨジュㇺ ケンピンイ ユヘンイエヨ
友達の結婚式があります。	친구 결혼식이 있어요.	チング キョロンシギ イッソヨ
ファンミーティングに当たりました!	팬미팅에 당첨됐어요!	ペンミティンエ タンチョㇺドゥェッソヨ

食関係

注文	주문 (チュムン)
おすすめ	추천 (チュチョン)
セルフサービス	셀프 (セルプ)
追加	추가 (チュガ)
会計	계산 (ケサン)
値段	가격 (カギョク)
二人前	2인분 (イインブン)
持ち帰り	포장 (ポジャン)
美味しいお店	맛집 (マッチプ)
皿	접시 (チョプシ)
箸	젓가락 (チョッカラク)
スプーン	숟가락 (スッカラク)
コップ	컵 (コプ)
エプロン	앞치마 (アプチマ)
餃子	만두 (マンドゥ)
ポッサム	보쌈 (ポッサム)
キムチチャーハン	김치볶음밥 (キムチポックンパプ)
ソルロンタン	설렁탕 (ソルロンタン)
サムギョプサル	삼겹살 (サムギョプサル)
お菓子	과자 (クァジャ)
おにぎり	삼각 김밥 (サムガク キンパプ)
チキン	치킨 (チキン)
ビール	맥주 (メッチュ)
焼酎	소주 (ソジュ)
マッコリ	막걸리 (マッコルリ)
牛乳	우유 (ウユ)
コーヒー	커피 (コピ)
トッポッキ	떡볶이 (トゥポッキ)
キンパ	김밥 (キンパプ)
揚げ物	튀김 (トゥィギム)
スンデ	순대 (スンデ)
ホットク	호떡 (ホットク)
ビビンパ	비빔밥 (ピビンパプ)
味噌チゲ	된장찌개 (トゥェンジャンチゲ)
冷麺	냉면 (ネンミョン)
タッカンマリ	닭한마리 (タカンマリ)
水	물 (ムル)
お酒	술 (スル)

\요体に活用して使ってみよう!/

食べる 食べます	먹다（モッタ） 먹어요	まずい まずいです	맛없다（マドプタ） 맛없어요
飲む 飲みます	마시다（マシダ） 마셔요	やわらかい やわらかいです	부드럽다（プドゥロプタ） 부드러워요
残す 残します	남기다（ナムギダ） 남겨요	かたい かたいです	딱딱하다（タッタカダ） 딱딱해요
分ける 分けます	나누다（ナヌダ） 나눠요	甘い 甘いです	달다（タルダ） 달아요
お腹すいた お腹すきました	배고프다（ペゴプダ） 배고파요	しょっぱい しょっぱいです	짜다（チャダ） 짜요
お腹いっぱいだ お腹いっぱいです	배부르다（ペブルダ） 배불러요	辛い 辛いです	맵다（メプタ） 매워요
おいしい おいしいです	맛있다（マシッタ） 맛있어요	脂っこい 脂っこいです	느끼하다（ヌッキハダ） 느끼해요

使えるフレーズ

お腹すいて死にそうです。	배고파（ペゴパ） 죽겠어요（チュッケッソヨ）.
チーズ追加できますか?	치즈（チジュ） 추가（チュガ） 돼요（ドゥェヨ）?
辛すぎて食べられませんでした。	너무（ノム） 매워서（メウォソ） 못 먹었어요（モンモゴッソヨ）.
近所に美味しい店が多いです。	근처에（クンチョエ） 맛집이（マッチビ） 많아요（マナヨ）.

ファッション・コスメ

服	옷 (オッ)	スキンケア	스킨케어 (スキンケオ)
くつ(履き物)	신발 (シンバル)	角質	각질 (カッチル)
かばん	가방 (カバン)	そばかす	주근깨 (チュグンケ)
アクセサリー	액세서리 (エッセソリ)	クリーム	크림 (クリム)
似合う	어울리다 (オウルリダ)	日焼け止め	선크림 (ソンクリム)
サイズ	사이즈 (サイジュ)	ファンデーション	파운데이션 (パウンデイション)
前髪	앞머리 (アンモリ)	アイシャドウ	아이섀도우 (アイシェドウ)
黒髪	검은 머리 (コムン モリ)	アイライナー	아이라이너 (アイライノ)
金髪	금발 (クンバル)	マスカラ	마스카라 (マスカラ)
茶髪	갈색 머리 (カルセン モリ)	チーク	블러셔 (ブルロショ)
ダイエット	다이어트 (タイオトゥ)	アイブロウ	아이브로우 (アイブロウ)
すっぴん	생얼 (センオル)	ネイル	네일 (ネイル)
シワ	주름 (チュルム)	クレンジング	클렌징 (クルレンジン)
美白	미백 (ミベク)	リップ	립스틱 (リップスティク)
保湿	보습 (ポスプ)	眼鏡	안경 (アンギョン)
ニキビ	여드름 (ヨドゥルム)	帽子	모자 (モジャ)
シミ	기미 (キミ)	指輪	반지 (パンジ)
毛穴	모공 (モゴン)	ネックレス	목걸이 (モッコリ)
くま	다크서클 (タクソクル)	ピアス	귀걸이 (クィゴリ)

化粧水	スキン / トノ / ファジャンス	스킨 / 토너 / 화장수
乳液	ロション / エモルジョン	로션 / 에멀젼
美容液	エッセンス / セロム / エンプル	에센스 / 세럼 / 앰플

＼요体に活用して使ってみよう!／

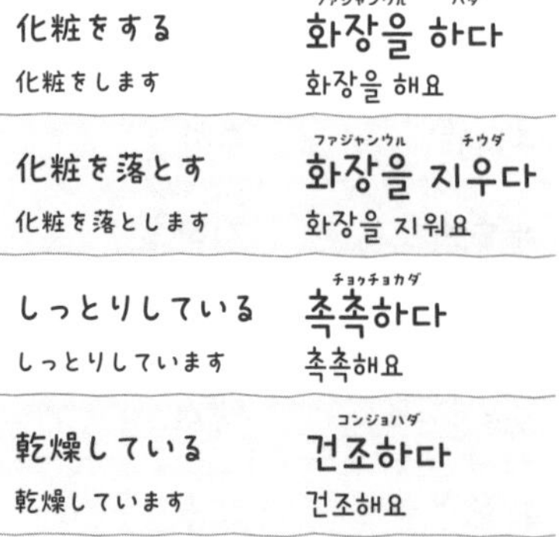

髪を切る 髪を切ります	モリルル チャルダ 머리를 자르다 머리를 잘라요	
髪を伸ばす 髪を伸ばします	モリルル キルダ 머리를 기르다 머리를 길러요	
太る 太ります	サリ チダ 살이 찌다 살이 쪄요	
痩せる 痩せます	サリ パジダ 살이 빠지다 살이 빠져요	
化粧をする 化粧をします	ファジャンウル ハダ 화장을 하다 화장을 해요	
化粧を落とす 化粧を落とします	ファジャンウル チウダ 화장을 지우다 화장을 지워요	
しっとりしている しっとりしています	チョッチョカダ 촉촉하다 촉촉해요	
乾燥している 乾燥しています	コンジョハダ 건조하다 건조해요	

使えるフレーズ

お気に入りのワンピースです。	マウメ トゥヌン ウォンピスエヨ 마음에 드는 원피스예요.
ダイエットをしなければなりません。	タイオトゥルル ヘヤ ドゥェヨ 다이어트를 해야 돼요.
美白に効果があります。	ミベゲ ヒョクァガ イッソヨ 미백에 효과가 있어요.
肌が乾燥するタイプです。	ピブガ コンジョハン ピョニエヨ 피부가 건조한 편이에요.

旅行

空港	공항	コンハン
航空券	비행기 표	ピヘンギ ピョ
国際線	국제선	クッチェソン
国内線	국내선	クンネソン
出発	출발	チュルバル
到着	도착	トチャッ
手荷物	수하물	スハムル
地下鉄	지하철	チハチョル
バス	버스	ポス
タクシー	택시	テッシ
料金	요금	ヨグム
レシート	영수증	ヨンスジュン
観光地	관광지	クァングァンジ
地図	지도	チド
地方	지방	チバン
荷物	짐	チム
スーツケース	캐리어	ケリオ
パスポート	여권	ヨックォン
クレジットカード	신용카드	シニョンカドゥ
現金	현금	ヒョングム
携帯電話	휴대폰	ヒュデポン
外国	외국	ウェグッ
国	나라	ナラ
都市	도시	トシ
出国	출국	チュルグッ
入国	입국	イブクッ
免税店	면세점	ミョンセジョム
お釣り	거스름돈	コスルムトン
電車	전철	チョンチョル
飛行機	비행기	ピヘンギ
フロント	프론트 / 데스크	プロントゥ / デスク
ロビー	로비	ロビ
チェックイン	체크인	チェクイン
チェックアウト	체크아웃	チェクアウッ
貴重品	귀중품	クィジュンプム
ガイドブック	가이드북	カイドゥブッ
カメラ	카메라	カメラ
撮影地	촬영지	チュァリョンジ

片道	편도（ピョンド）	伝統	전통（チョントン）
往復	왕복（ワンボゥ）	文化	문화（ムヌァ）
景色	경치（キョンチ）	2泊3日	2박 3일（イバク サミル）

\요体に活用して使ってみよう!/

乗る 乗ります	타다（タダ） 타요	予約する 予約します	예약하다（イェヤカダ） 예약해요
降りる 降ります	내리다（ネリダ） 내려요	キャンセルする キャンセルします	취소하다（チュィソハダ） 취소해요
乗り換える 乗り換えます	갈아타다（カラタダ） 갈아타요	遠い 遠いです	멀다（モルダ） 멀어요
移動する 移動します	이동하다（イドンハダ） 이동해요	近い 近いです	가깝다（カッカプタ） 가까워요

使えるフレーズ

仁川空港に到着しました。	인천공항에（インチョンゴンハンエ） 도착했어요（トチャケッソヨ）.
会社までバスで行きます。	회사까지（フェサッカジ） 버스로（ポスロ） 가요（カヨ）.
地方に住んでいます。	지방에（チバンエ） 살고（サルゴ） 있어요（イッソヨ）.
パスポートを更新しました。	여권을（ヨックォヌル） 갱신했어요（ケンシネッソヨ）.
予約をキャンセルしたいです。	예약을（イェヤグル） 취소하고（チュィソハゴ） 싶어요（シポヨ）.

ドラマ・映画

恋愛	로맨스	ロメンス
コメディ	코미디	コミディ
サスペンス	서스펜스	ソスペンス
ミステリー	미스터리	ミストリ
時代劇	사극	サグッ
アクション	액션	エッション
主題歌	주제가	チュジェガ
第○回	제○회	チェ フェ
最終回	마지막 회	マジマ クェ
演技力	연기력	ヨンギリョッ
セリフ	대사	テサ
サントラ	OST(오에스티)	オエスティ
出演	출연	チュリョン
主演	주연	チュヨン
助演	조연	チョヨン
俳優	배우	ペウ
女優	여배우	ヨベウ
脚本	각본	カッポン
監督	감독	カムドッ

演技	연기	ヨンギ
字幕	자막	チャマッ
大ヒット	대박	テバッ
聖地巡礼	성지순례	ソンジスルレ
試写会	시사회	シサフェ
舞台挨拶	무대 인사	ムデ インサ
キスシーン	키스 신	キス シン
アクションシーン	액션 신	エッション シン
ラストシーン	엔딩 신	エンディン シン
どんでん返し	반전	パンジョン
キュンキュン	심쿵	シムクン
ハラハラ	조마조마	チョマジョマ
高視聴率	고시청률	コシチョンニュル
撮影現場	촬영 현장	チュァリョン ヒョンジャン
ホラー	공포	コンポ
ドキュメンタリー	다큐멘터리	タキュメントリ
ラブコメ	로맨틱 코미디	ロメンティッ コミディ
非現実的なドラマ	막장 드라마	マッチャン トゥラマ
続編	속편	ソッピョン

個性派俳優	개성파 배우（ケソンパ ベウ）
演技派俳優	연기파 배우（ヨンギパ ベウ）
子役	아역（アヨㇰ）
感動	감동（カムドン）
記憶喪失	기억 상실（キオㇰ サンシル）
運命	운명（ウンミョン）
裏切り	배신（ベシン）
不倫	불륜（プルリュン）
伏線回収	복선 회수（ポㇰソン フェス）
打ち切り	조기 종영（チョギ ジョンヨン）

映画館	영화관（ヨンファグァン）
公開日	개봉일（ケボンイル）
予告	예고（イェゴ）
配信	송출（ソンチュル）
ハッピーエンド	해피엔딩（ヘピエンディン）
悲しい結末	새드엔딩（セドゥエンディン）
もどかしいドラマ	고구마 드라마（コグマ トゥラマ）
スカッとするドラマ	사이다 드라마（サイダ トゥラマ）
一気見	정주행（チョンジュヘン）
人生最高のドラマ	인생 드라마（インセン トゥラマ）

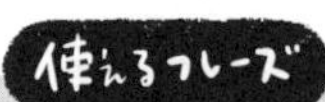

恋愛モノをよく見ます。	로맨스를 자주 봐요.（ロメンスルル チャジュ ブァヨ）
最終回、感動しました！	마지막 회 감동했어요！（マジマ クェ カムドンヘッソヨ）
主演の俳優がカッコいいです。	주연 배우가 멋있어요.（チュヨン ベウガ モシッソヨ）
舞台挨拶を見に行くつもりです。	무대 인사를 보러 갈 거예요.（ムデ インサルル ポロ カル コエヨ）

K-POP

歌手	가수	カス
アイドル	아이돌	アイドル
歌	노래	ノレ
歌詞	가사	カサ
ダンス	댄스	テンス
ラップ	랩	レプ
メンバー	멤버	メンボ
リーダー	리더	リド
末っ子	막내	マンネ
ファン	팬	ペン
推し	최애	チュエエ
オタ活	덕질	トクチル
新曲	신곡	シンゴク
ティーザー	티저	ティジョ
ミュージックビデオ	뮤직비디오	ミュジクビディオ
カムバック	컴백	コンベク
ネタバレ	스포 / 스포일러	スポ / スポイルロ
チケット	티켓	ティケッ
購入	구입	クイプ
レポ	후기	フギ
愛嬌	애교	エギョ
ビジュアル	비주얼	ビジュオル
表情	표정	ピョジョン
愛	사랑	サラン
心、気持ち	마음	マウム
胸	가슴	カスム
姿	모습	モスプ
声	목소리	モクソリ
振付	안무	アンム
作曲	작곡	チャッコク
〇〇推し	〇〇순이(수니)	スニ (スニ)
公式（オフィシャル）	오피셜	オピショル
パフォーマンスビデオ	퍼포먼스 영상	ポポモンス ヨンサン
ダンスプラクティスビデオ	안무 연습 영상	アンム ヨンスプ ヨンサン
授賞式	시상식	シサンシク
事前収録	사전 녹화	サジョン ノクァ
公開放送	공개 방송	コンゲ パンソン
番組観覧	방청	パンチョン

手	손（ソン）	まなざし	눈빛（ヌンピッ）
嘘	거짓말（コジンマル）	世界	세상（セサン）
終わり	끝（クッ）	全部、みんな	모두（モドゥ）
記憶	기억（キオㇰ）	ドキドキ	두근두근（トゥグンドゥグン）
道	길（キㇽ）	オタク	덕후（トク）
一日	하루（ハル）	夜	밤（パム）
理由	이유（イユ）	時間	시간（シガン）
瞬間	순간（スンガン）	キラキラ	반짝반짝（パンチャㇰパンチャㇰ）
ときめき	설렘（ソルレム）	ぐるぐる	빙글빙글（ピングルピングル）
光	빛（ピッ）	ふかふか	말랑말랑（マルランマルラン）

요体に活用して使ってみよう！

公開する	공개하다（コンゲハダ）
公開します	공개해요

使えるフレーズ

歌が本当に上手です！	노래（ノレ） 진짜（チンチャ） 잘해요（チャレヨ）！
推しはリーダーです。	최애는（チュエエヌン） 리더예요（リドエヨ）.
新曲のティザーが公開されました。	신곡（シンゴッ） 티저가（ティジョガ） 공개됐어요（コンゲドゥエッソヨ）.
チケットをようやく購入しました。	티켓을（ティケスル） 겨우（キョウ） 구입했어요（クイベッソヨ）.
胸がドキドキします。	가슴이（カスミ） 두근두근해요（トゥグンドゥグネヨ）.

메모

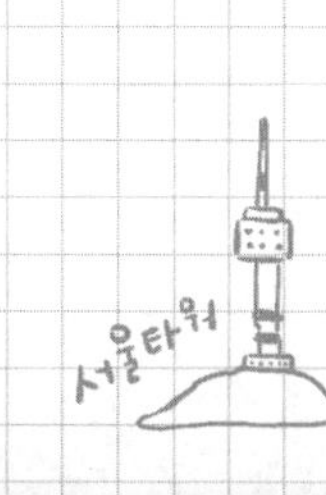
서울타워

메모

메모

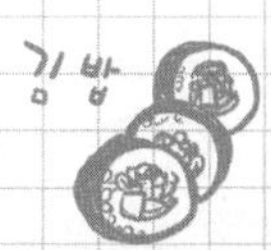
김밥

메모

우리 꾹꾹이

메모

메모

Seoul
Map

메모

물셀프

메모

메모

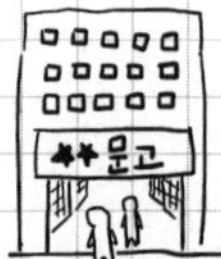
문고

このダイアリーを手に取ってくださったあなたへ

ずっ～～と作りたいと思いつつ、
なかなか実現できずにいた韓国語ダイアリー。
紆余曲折ありましたが、ようやく完成しました！

韓国語の勉強を始める人が増えている中、モチベーションが維持できず、
途中で停滞してしまう人も、また多いようです。

勉強だけでなく、ダイアリーを続けることすらも簡単ではありません。
三日坊主になってしまう大きな原因は、脳が飽きっぽいこと。
脳はワクワクしないことは続けられない性質なので、
脳をワクワクさせ続ける工夫は、非常に重要です！

このダイアリーは、

- 毎日違う韓国語単語に出合える！

- 全頁イラストが違う！

など、頁をめくることが楽しくなるよう、脳をワクワクさせる工夫を
散りばめていますので、きっと最後まで開いてもらえるはず！

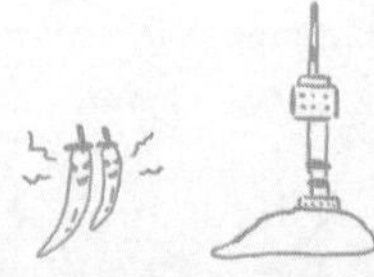

韓国語学習のペースメーカーとして、モチベーション維持のツールとして、
そして、楽しくハングルに触れられる息抜きの存在として、
皆さんのそばにいつも置いていただけたら何よりです。

最後になりましたが、このダイアリー制作にご尽力くださった皆様には、
心から感謝しております。
心強いメンバーに支えられ、なんとか乗り越えることができました。
정말로 감사드립니다。

たくさんの方々の熱い思いの詰まったダイアリーが、
手にとってくださった方々の毎日をワクワクさせ、
韓国語学習のお役にも立てることを心から願っております！

最後の頁まで辿り着いたら、ぜひご連絡ください～
(SNS でお待ちしております ㅋㅋ)

hime

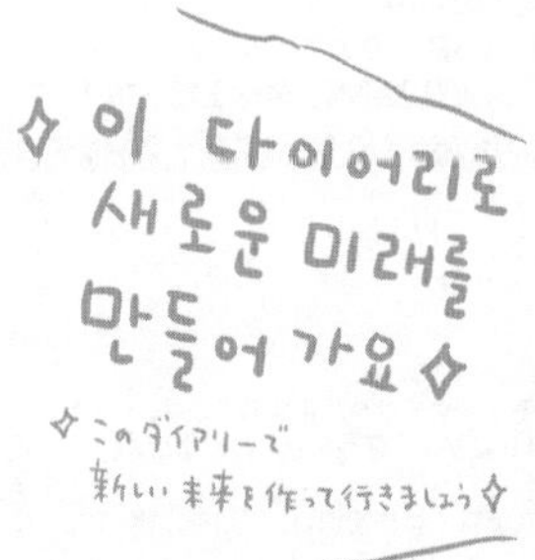

이 다이어리로
새로운 미래를
만들어 가요
このダイアリーで
新しい未来を作って行きましょう

著者

hime

韓国語学習書作家、イラストレーター。累計 35 万部を超える韓国語教材「hime 式」シリーズの著者。35 歳でそれまで勤めていた会社を辞め、韓国へ語学留学、高麗大学語学堂6級修了。帰国後始めた韓国ブログ「アラフォーから韓国マニアの果てなき野望!」が人気となりそこから仕事の幅が広がっていく。現在は韓国語教材の執筆、イラスト、デザインを行いながら、東京浅草橋とオンラインで hime shop を運営。こだわりの詰まった Made in Korea のバッグの企画・制作・販売も行う。『hime 式 イラスト & 書いて覚える韓国語文法ドリル』(KADOKAWA)、『イラストで覚える hime 式 たのしい韓国語単語帳』(高橋書店) など著書多数。

【Instagram】@hime.kmania ／【X (旧 Twitter)】@himekmania

hime式 365日韓国語をたのしむDiary

2023 年 12 月 12 日　第 1 刷発行
2024 年 5 月 10 日　第 3 刷

著者	hime
発行人	土屋徹
編集人	代田雪絵
編集長	延谷朋実
発行所	株式会社Gakken
	〒141-8416　東京都品川区西五反田 2-11-8
印刷所	図書印刷株式会社
データ作成	株式会社四国写研

【この本に関する各種お問い合わせ先】
- 本の内容については、下記サイトのお問い合わせフォームよりお願いします。
  https://www.corp-gakken.co.jp/contact/
- 在庫については　Tel 03-6431-1199 (販売部)
- 不良品 (落丁、乱丁) については　Tel 0570-000577
  学研業務センター　〒354-0045　埼玉県入間郡三芳町上富 279-1
- 上記以外のお問い合わせは　Tel 0570-056-710 (学研グループ総合案内)

学研グループの書籍・雑誌についての新刊情報・詳細情報は、下記をご覧ください。
学研出版サイト https://hon.gakken.jp/

소주
짠
열공
단어장
티

mini
한국어
문법집

서울역
커피
ㅋㅋㅋㅋㅋ
매일
한국어
mini
韓国語文法集
hime著
Gakken

もくじ

1

韓国語で"ひとこと"書いてみよう

韓国語文法のせつめい

言いたい"ひとこと"をコツコツ覚えていくことが日常会話の力につながっていきます！ダイアリーに予定や１行日記などを書きながら、韓国語の文法に慣れ親しんでいきましょう！

「〜です・ます」には2種類！使い分けは？

〜니다

かたい印象

ニュース／案内など

〜요

ソフトな印象

日常生活は主にこちら

〜요から覚えるメリットって？

日常会話で使うので会話に直結する上に、
요体から疑問文、否定文なども簡単に作れます！

基本形	요体	？をつける	안をつける	았어を入れる
가다	가요	가요？	안 가요	갔어요
行く	行きます	行きますか？	行きません	行きました

2 韓国語の助詞

韓国語も日本語同様に助詞を使います。
使い方も日本語と似ているので、基本的には置き換えれば OK です。

助詞（日本語）	名詞の最後にパッチム		助詞（韓国語）	例文
～が	なし		가	회의가 있어요. 会議があります。
	あり		이	약속이 있어요. 約束があります。
～は	なし		는	저는 회사원이에요. 私は会社員です。
	あり		은	여동생은 학생이에요. 妹は学生です。
～を	なし		를	커피를 마셔요. コーヒーを飲みます。
	あり		을	선물을 줘요. プレゼントをあげます。
～と	文章	なし	와	친구와 가요. 友達と行きます。
		あり	과	선생님과 얘기해요. 先生と話します。
	会話		하고	어머니하고 쇼핑을 했어요. 母と買い物をしました。
～も	-		도	오늘도 더워요. 今日も暑いです。
～に	-		에	밤 열 시에 자요. 夜 10 時に寝ます。
	人 動物	文章 会話	에게	친구에게 편지를 썼어요. 友達に手紙を書きました。
		会話	한테	아버지한테 선물을 받았어요. 父にプレゼントを貰いました。

助詞（日本語）	名詞の最後にパッチム		助詞（韓国語）	例文
～で	手段	なし	로	비행기로 가요. 飛行機で行きます。
		ㄹ		메일로 보내요. メールで送ります。
		ㄹ以外	으로	숟가락으로 먹어요. スプーンで食べます。
	場所	-	에서	카페에서 공부해요. カフェで勉強します。
～から	場所		에서	회사에서 30분 걸려요. 会社から30分かかります。
	時間		부터	내일부터 다이어트를 해요. 明日からダイエットをします。
～まで	-		까지	수요일부터 금요일까지 휴가예요. 水曜日から金曜日まで休暇です。

※日本語と違う助詞を使う場合もあります。

日本語の場合	名詞の最後にパッチム なし／あり	韓国語の場合
～が好きです	～를/을 좋아해요	고양이를 좋아해요. ネコが好きです。
～に会います	～를/을 만나요	친구를 만나요. 友達に会います。
～に乗ります	～를/을 타요	지하철을 타요. 地下鉄に乗ります。

3 名詞 ～요（～です）の作り方

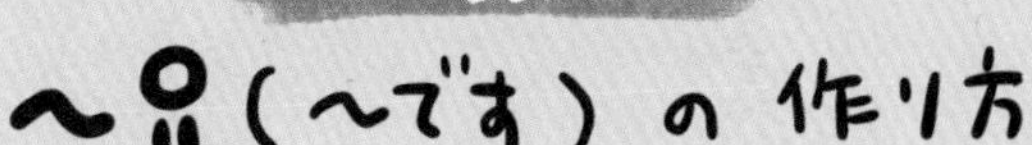

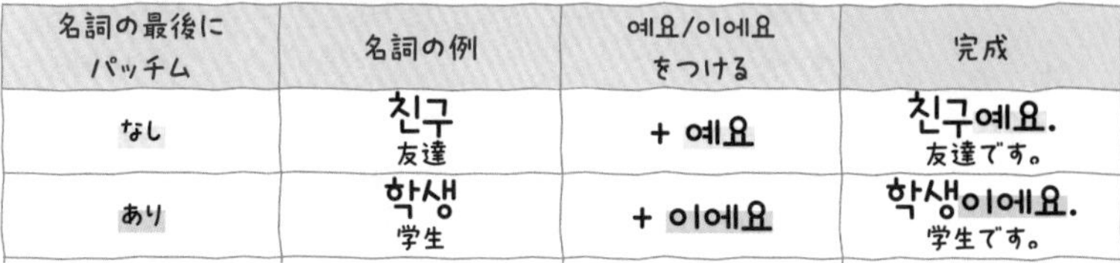

名詞の最後にパッチム	名詞の例	예요/이에요をつける	完成
なし	친구 友達	＋예요	친구예요. 友達です。
あり	학생 学生	＋이에요	학생이에요. 学生です。

4

動詞・形容詞

～요（～です・ます）基本編

基本形「먹다（食べる）」を「먹어요（食べます）」の요体にする方法です。
요体の作り方は、다の前の文字によって違うので、とにかく다の前に注目する習慣をつけましょう！

パターン1

먹다

"다"の前にパッチムがある場合

①다の前の母音を確認	②다をとる	③아요/어요をつける	現在形 요体完成	過去形 요の前に았어を挿入
ㅏ・ㅗ	팔다（パルダ）売る	+아요	팔아요（パラヨ）売ります	팔았어요（パラッソヨ）売りました
	좋다（チョタ）よい		좋아요（チョアヨ）よいです	좋았어요（チョアッソヨ）よかったです
ㅏ・ㅗ以外	먹다（モクタ）食べる	+어요	먹어요（モゴヨ）食べます	먹었어요（モゴッソヨ）食べました
	깊다（キプタ）深い		깊어요（キポヨ）深いです	깊었어요（キポッソヨ）深かったです

多くの動詞・形容詞は
この2つのパターンで作るよ!

パターン2

가다 "다"の前にパッチムがない場合

				現在形		過去形
①다の前の母音を確認		②다をとる	③아요/어요をつける	요体完成	④縮約	요の前にㅆ어を挿入
ㅏ・ㅗ	ㅏ	カダ 가다 行く	+아요	カアヨ (가아요)	カヨ 가요 行きます	カッソヨ 갔어요 行きました
	ㅗ	ポダ 보다 見る		ポアヨ 보아요	プァヨ 봐요 見ます	プァッソヨ 봤어요 見ました
ㅏ・ㅗ以外	ㅓ	コンノダ 건너다 渡る	+어요	コンノオヨ (건너어요)	コンノヨ 건너요 渡ります	コンノッソヨ 건넜어요 渡りました
	ㅜ	チュダ 주다 あげる くれる		チュオヨ 주어요	チュオヨ 줘요 あげます くれます	チュオッソヨ 줬어요 あげました くれました
	ㅣ	マシダ 마시다 飲む		マシオヨ 마시어요	マショヨ 마셔요 飲みます	マショッソヨ 마셨어요 飲みました
	ㅐ	ポネダ 보내다 送る		ポネオヨ 보내어요	ポネヨ 보내요 送ります	ポネッソヨ 보냈어요 送りました
	ㅚ	トゥェダ 되다 なる		トゥェオヨ 되어요	トゥェヨ 돼요 なります	トゥェッソヨ 됐어요 なりました
	ㅟ	シュイダ 쉬다 休む		シュイオヨ 쉬어요 休みます	縮約しない	シュイオッソヨ 쉬었어요 休みました

※（　　）の表記は使われません。

5

動詞・形容詞

～요（～です・ます）例外編

前のページのパターン1、2とは違う、
例外のパターンを集めました。パターンはいくつかありますが、
それぞれの作り方は簡単です。

例外の中で
特にこの3つのパターンはよく使うよ！
공부하다
ㅂ
ㅡ

パターン3

공부하다 ←「하다」で終わる場合

品詞	①하다をとる	②해요をつける	現在形 요体完成	過去形 요の前に ㅆ어を挿入
動詞	공부하다（コンブハダ） 勉強する	+ 해요	공부해요（コンブヘヨ） 勉強します	공부했어요（コンブヘッソヨ） 勉強しました
形容詞	따뜻하다（タットゥタダ） 暖かい	+ 해요	따뜻해요（タットゥテヨ） 暖かいです	따뜻했어요（タットゥテッソヨ） 暖かかったです

パターン4

춥다

"다"の前がパッチムが「ㅂ」で終わる場合

				現在形	過去形
①다の前の母音を確認	②다をとる	③ㅂを우に変換	④ㅓ요をつける	요体完成	요の前に ㅆ어を挿入
ㅗ 以外 ※	고맙다(コマプタ) ありがたい	고마우(コマウ)	+ ㅓ요	고마워요(コマウォヨ) ありがとうございます	고마웠어요(コマウォッソヨ) ありがたかったです
	맵다(メプタ) 辛い	매우(メウ)		매워요(メウォヨ) 辛いです	매웠어요(メウォッソヨ) 辛かったです

※돕다（手伝う）、곱다（きれいだ）は、다とㅂをとって「와요」をつけます。(P.12 参照)
※一部、パターン1の単語もあります。
「입다（着る）→입어요」「잡다（捕まる）→잡아요」「좁다（狭い）→좁아요」など。

パターン5

크다

"다"の前が「ー」で終わる場合 ※르を除く

				現在形	過去形
①ーの前の母音を確認	②다をとる	③ーをとる	④ㅏ요/ㅓ요をつける	요体完成	요の前に ㅆ어を挿入
ㅏ・ㅗ	바쁘다(パップダ) 忙しい	바빠	+ ㅏ요	바빠요(パッパヨ) 忙しいです	바빴어요(パッパッソヨ) 忙しかったです
ㅏ・ㅗ 以外	크다(クダ) 大きい	ㅋ	+ ㅓ요	커요(コヨ) 大きいです	컸어요(コッソヨ) 大きかったです

パターン6

모르다

"다"の前が「ㄹ」で終わる場合

①르の前の母音を確認	②다をとる	③ㄹを追加ㅡをとる	④ㅏ요/ㅓ요をつける	現在形 요体完成	過去形 요の前にㅆ어を挿入
ㅏ・ㅗ	モルダ 모르다 知らない	몰ㄹ	+ ㅏ요	モルラヨ 몰라요 知らないです	モルラッソヨ 몰랐어요 知らなかったです
ㅏ・ㅗ以外	プルダ 부르다 呼ぶ	불ㄹ	+ ㅓ요	プルロヨ 불러요 呼びます	プルロッソヨ 불렀어요 呼びました

パターン7

듣다

"다"の前のパッチムが「ㄷ」で終わる場合

①다の前の母音を確認	②다をとる	③ㄷをㄹに変換	④아요/어요をつける	現在形 요体完成	過去形 요の前にㅆ어を挿入
ㅏ・ㅗ	ケダッタ 깨닫다 悟る	깨달	+ 아요	ケダラヨ 깨달아요 悟ります	ケダラッソヨ 깨달았어요 悟りました
ㅏ・ㅗ以外	コッタ 걷다 歩く	걸	+ 어요	コロヨ 걸어요 歩きます	コロッソヨ 걸었어요 歩きました

※一部、パターン１の単語もあります。
「받다（もらう）→받아요」「믿다（信じる）→믿어요」など。

6 日常でよく使う表現の作り方

「〜したい」「〜するつもり」などの表現も
パターンを覚えれば、単語を入れ替えるだけです！

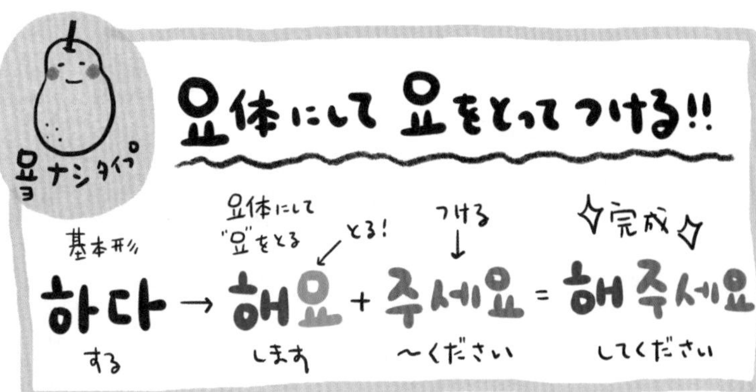

요ナシタイプ
요体にして 요をとってつける!!
基本形
요体にして "요"をとる
とる!
つける
完成
하다 → 해요 + 주세요 = 해 주세요
する
します
〜ください
してください

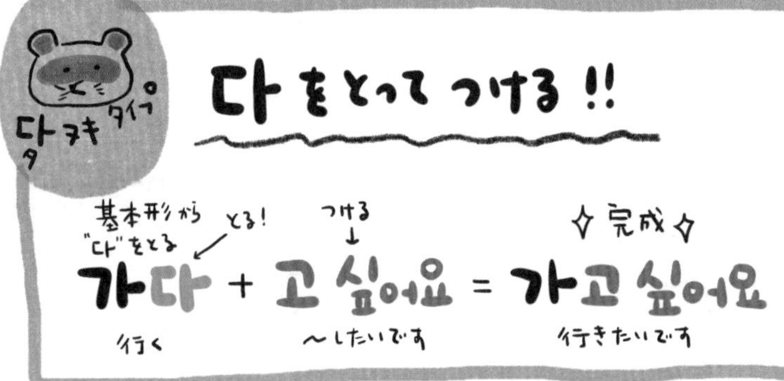

다ヌキタイプ
다をとってつける!!
基本形から "다"をとる
とる!
つける
完成
가다 + 고 싶어요 = 가고 싶어요
行く
〜したいです
行きたいです

다の前にパッチムがない場合

	다の前の母音	ㅏ		ㅗ	ㅓ	ㅜ
	ㅡの前の母音	該当なし				
	基本形	운동하다 運動する	만나다 会う	보다 見る	건너다 渡る	배우다 習う
	パターン	パターン3	パターン2			
요 ナシ	特徴	하 → 해	ㅏ아 → ㅏ	ㅗ아 → ㅘ	ㅓ어 → ㅓ	ㅜ어 → ㅝ
	-아/어서 ～して	운동해서 運動して	만나서 会って	봐서 見て	건너서 渡って	배워서 習って
	-아/어 주세요 ～してください	운동해 주세요 運動して ください	만나 주세요 会って ください	봐 주세요 見て ください	건너 주세요 渡って ください	배워 주세요 習って ください
	-아/어야 돼요 ～しなければ なりません	운동해야 돼요 運動しなければ なりません	만나야 돼요 会わなければ なりません	봐야 돼요 見なければ なりません	건너야 돼요 渡らなければ なりません	배워야 돼요 習わなければ なりません
다 ヌキ	特徴	-	-	-	-	-
	-고 싶어요 ～したいです	운동하고 싶어요 運動したいです	만나고 싶어요 会いたいです	보고 싶어요 見たいです	건너고 싶어요 渡りたいです	배우고 싶어요 習いたいです
	-고 있어요 ～しています	운동하고 있어요 運動して います	만나고 있어요 会っています	보고 있어요 見ています	건너고 있어요 渡っています	배우고 있어요 習っています
	-ㄹ/을 거예요 ～するつもりです (*1)	운동할 거예요 運動するつもり です	만날 거예요 会うつもり です	볼 거예요 見るつもり です	건널 거예요 渡るつもり です	배울 거예요 習うつもり です
	-ㄴ/은 적이 있어요 ～したことがあります	운동한 적이 있어요 運動したことが あります	만난 적이 있어요 会ったことが あります	본 적이 있어요 見たことが あります	건넌 적이 있어요 渡ったことが あります	배운 적이 있어요 習ったことが あります
	-(으)러 가요 ～しに行きます	운동하러 가요 運動しに 行きます	만나러 가요 会いに 行きます	보러 가요 見に 行きます	건너러 가요 渡りに 行きます	배우러 가요 習いに 行きます

*1 形容詞の場合は「～と思いますよ（推測）」の意味になります。

ㅣ	ㅐ	ㅔ	ㅚ	ーで終わる		ㄹで終わる	
該当なし				ㅏㅗ	以外	ㅏㅗ	以外
기다리다 待つ	보내다 送る	세다 数える	되다 なる	모으다 集める	쓰다 使う	고르다 選ぶ	부르다 呼ぶ
パターン2				パターン5		パターン6	
ㅣ어 → ㅕ	ㅐ어 → ㅐ	ㅔ어 → ㅔ	ㅚ어 → ㅙ	「ー」が消える		「ㄹ」追加、「ー」消える	
기다려서 待って	보내서 送って	세서 数えて	돼서 なって	모아서 集めて	써서 使って	골라서 選んで	불러서 呼んで
기다려 주세요 待って ください	보내 주세요 送って ください	세 주세요 数えて ください	돼 주세요 なって ください	모아 주세요 集めて ください	써 주세요 使って ください	골라 주세요 選んで ください	불러 주세요 呼んで ください
기다려야 돼요 待たなければ なりません	보내야 돼요 送らなければ なりません	세야 돼요 数えなければ なりません	돼야 돼요 ならなければ なりません	모아야 돼요 集めなければ なりません	써야 돼요 使わなければ なりません	골라야 돼요 選ばなければ なりません	불러야 돼요 呼ばなければ なりません
-	-	-	-	-		-	
기다리고 싶어요 待ちたいです	보내고 싶어요 送りたいです	세고 싶어요 数えたいです	되고 싶어요 なりたいです	모으고 싶어요 集めたいです	쓰고 싶어요 使いたいです	고르고 싶어요 選びたいです	부르고 싶어요 呼びたいです
기다리고 있어요 待っています	보내고 있어요 送っています	세고 있어요 数えています	되고 있어요 なっています	모으고 있어요 集めています	쓰고 있어요 使っています	고르고 있어요 選んでいます	부르고 있어요 呼んでいます
기다릴 거예요 待つつもり です	보낼 거예요 送るつもり です	셀 거예요 数えるつもり です	될 거예요 なるつもり です	모을 거예요 集めるつもり です	쓸 거예요 使うつもり です	고를 거예요 選ぶつもり です	부를 거예요 呼ぶつもり です
기다린 적이 있어요 待ったことが あります	보낸 적이 있어요 送ったことが あります	센 적이 있어요 数えたことが あります	된 적이 있어요 なったことが あります	모은 적이 있어요 集めたことが あります	쓴 적이 있어요 使ったことが あります	고른 적이 있어요 選んだことが あります	부른 적이 있어요 呼んだことが あります
기다리러 가요 待ちに 行きます	보내러 가요 送りに 行きます	세러 가요 数えに 行きます	되러 가요 なりに 行きます	모으러 가요 集めに 行きます	쓰러 가요 使いに 行きます	고르러 가요 選びに 行きます	부르러 가요 呼びに 行きます

다の前にパッチムがある場合

	다の前のパッチム	ㅂ		ㄷ		ㄹ	
	다の前の母音	ㅗ (*1)	以外	ㅏㅗ	以外	ㅏㅗ	以外
	基本形	돕다 手伝う	굽다 焼く	깨닫다 悟る	듣다 聞く	살다 住む	만들다 作る
	パターン	パターン4		パターン7		パターン1	
요ナシ	特徴	「ㅂ」→「오」	「ㅂ」→「우」	パッチム「ㄷ」→「ㄹ」		-	
	-아/어서 ～して	도와서 手伝って	구워서 焼いて	깨달아서 悟って	들어서 聞いて	살아서 住んで	만들어서 作って
	-아/어 주세요 ～してください	도와 주세요 手伝って ください	구워 주세요 焼いて ください	깨달아 주세요 悟って ください	들어 주세요 聞いて ください	살아 주세요 住んで ください	만들어 주세요 作って ください
	-아/어야 돼요 ～しなければ なりません	도와야 돼요 手伝わなければ なりません	구워야 돼요 焼かなければ なりません	깨달아야 돼요 悟らなければ なりません	들어야 돼요 聞かなければ なりません	살아야 돼요 住まなければ なりません	만들어야 돼요 作らなければ なりません
다ヌキ	特徴	パッチム「ㅂ」→「우」		パッチム「ㄷ」→「ㄹ」		パッチム「ㄹ」が消える	
	-고 싶어요 ～したいです	돕고 싶어요 手伝いたいです	굽고 싶어요 焼きたいです	깨닫고 싶어요 悟りたいです	듣고 싶어요 聞きたいです	살고 싶어요 住みたいです	만들고 싶어요 作りたいです
	-고 있어요 ～しています	돕고 있어요 手伝っています	굽고 있어요 焼いています	깨닫고 있어요 悟っています	듣고 있어요 聞いています	살고 있어요 住んでいます	만들고 있어요 作っています
	-ㄹ/을 거예요 ～するつもり です (*2)	도울 거예요 手伝うつもり です	구울 거예요 焼くつもり です	깨달을 거예요 悟るつもり です	들을 거예요 聞くつもり です	살 거예요 住むつもり です	만들 거예요 作るつもり です
	-ㄴ/은 적이 있어요 ～したことが あります	도운 적이 있어요 手伝ったことが あります	구운 적이 있어요 焼いたことが あります	깨달은 적이 있어요 悟ったことが あります	들은 적이 있어요 聞いたことが あります	산 적이 있어요 住んだことが あります	만든 적이 있어요 作ったことが あります
	-(으)러 가요 ～しに 行きます	도우러 가요 手伝いに 行きます	구우러 가요 焼きに 行きます	깨달으러 가요 悟りに 行きます	들으러 가요 聞きに 行きます	살러 가요 住みに 行きます	만들러 가요 作りに 行きます

*1 「ㅂ」が「오」になります。該当する単語は「돕다(手伝う)」「곱다(きれいだ)」の2つのみです。
*2 形容詞の場合は「～と思いますよ（推測）」の意味になります。

ㅎ (形容詞の場合のみ *3)			その他パッチム				
-			ㅏㅗ		以外		
빨갛다 赤い	그렇다 そうだ	하얗다 白い	찾다 探す	볶다 炒める	먹다 食べる	웃다 笑う	심다 植える
-			パターン1				
パッチム「ㅎ」が消え、 ㅏ/ㅓ→「ㅐ」、ㅑ/ㅕ→「ㅒ」			-				
빨개서 赤くて	그래서 そうなので	하얘서 白くて	찾아서 探して	볶아서 炒めて	먹어서 食べて	웃어서 笑って	심어서 植えて
形容詞のため 該当なし			찾아 주세요 探して ください	볶아 주세요 炒めて ください	먹어 주세요 食べて ください	웃어 주세요 笑って ください	심어 주세요 植えて ください
빨개야 돼요 赤くなければ なりません	그래야 돼요 そうでなければ なりません	하얘야 돼요 白くなければ なりません	찾아야 돼요 探さなければ なりません	볶아야 돼요 炒めなければ なりません	먹어야 돼요 食べなければ なりません	웃어야 돼요 笑わなければ なりません	심어야 돼요 植えなければ なりません
パッチム「ㅎ」が消える			-				
形容詞のため 該当なし			찾고 싶어요 探したいです	볶고 싶어요 炒めたいです	먹고 싶어요 食べたいです	웃고 싶어요 笑いたいです	심고 싶어요 植えたいです
形容詞のため 該当なし			찾고 있어요 探しています	볶고 있어요 炒めています	먹고 있어요 食べています	웃고 있어요 笑っています	심고 있어요 植えています
빨갈 거예요 赤いと 思いますよ	그럴 거예요 そうだと 思いますよ	하얄 거예요 白いと 思いますよ	찾을 거예요 探すつもり です	볶을 거예요 炒めるつもり です	먹을 거예요 食べるつもり です	웃을 거예요 笑うつもり です	심을 거예요 植えるつもり です
빨간 적이 있어요 赤かったこと があります (*4)	그런 적이 있어요 そうだったことが あります	하얀 적이 있어요 白かったこと があります (*4)	찾은 적이 있어요 探したことが あります	볶은 적이 있어요 炒めたことが あります	먹은 적이 있어요 食べたことが あります	웃은 적이 있어요 笑ったことが あります	심은 적이 있어요 植えたことが あります
形容詞のため 該当なし			찾으러 가요 探しに 行きます	볶으러 가요 炒めに 行きます	먹으러 가요 食べに 行きます	웃으러 가요 笑いに 行きます	심으러 가요 植えに 行きます

*3 「좋다 (良い)」は形容詞ですが、パターン 1 の例外です。(좋다 → 좋아요)

*4 形容詞によって「-ㅆ던 적이 있어요」が自然な場合もあります。
「빨갰던 적이 있어요」「하얬던 적이 있어요」

7

形容詞 있다/없다 + 名詞 の作り方

「小さいネコ」のように、名詞の前に形容詞をつけて
どんな状態であるかを表現する方法です。

形容詞 小さい [작다] と 名詞 ねこ [고양이] のつなげ方!

작은 고양이

① 작다(小さい)の「다」をとる
② ㄴ/은/는 をつける
③ 名詞をつける

ㄴ/은/는のつけ方

크다 "다"の前にパッチムがない場合	큰 ←つける!
작다 "다"の前にパッチムがある場合	작은 ←つける!
맛있다 "있다・없다"がつく場合	맛있는 ←つける!

形容詞 + 名詞

①다の前のパッチムを確認		②다をとる	(追加処理)	③ㄴ/은をつける	+名詞で完成
なし		크다 大きい	-	+ㄴ	큰 집 大きい家
あり	ㄹ	달다 甘い	다 (ㄹが消える)		단 거 甘いもの
	ㅂ	맵다 辛い	매우 (ㅂ→우)		매운 라면 辛いラーメン
	ㅎ	빨갛다 赤い	빨가 (ㅎが消える)		빨간 가방 赤いカバン
	以外	작다 小さい	-	+은	작은 집 小さい家

-있다/없다 + 名詞

①있다/없다で終わる場合	②다をとる	③는をつける	+名詞で完成
맛있다 おいしい	맛있다	+는	맛있는 가게 美味しい店
재미있다 おもしろい	재미있다		재미있는 사람 おもしろい人
맛없다 まずい	맛없다		맛없는 요리 まずい料理
재미없다 つまらない	재미없다		재미없는 영화 つまらない映画

재미있게
공부하세요~

③

다크서클
약국
생일축하해요
모공

포기하지 마세요!

목표를 달성하기 위해 중요한 것은
자신의 힘을 믿는 것이에요!
오늘의 작은 한 걸음이 즐거운 미래를
만들 거예요✧ 같이 새로운 세계를 보러가요✧

히메